통하는 팀장
소통의 **기술**

통 하 는
팀   장

2~3년 차 팀장의 소통 솔루션

소 통 의
기   술

김선기·김소라·김진영·박대성·배희수·정지수 지음

동아일보사

'한두 번 해봤지만…'

리더로 첫걸음을 뗀 신임 팀장의 설렘과 달리 2~3년 차 팀장이 된 당신은 다른 고민을 안고 있을지도 모릅니다. 경험은 했지만 아직 능숙하지 않고, 균형 잡기가 만만치 않습니다.

처음에는 모든 게 새로워서 실수도 성장의 과정이라 여겼습니다. 하지만 시간이 흐르면서 기대한 만큼의 성과를 내지 못하는 자신에게 실망하게 됩니다. 책임감은 날로 무거워지고, 팀원들의 불만과 상사의 압박, 끊임없는 성과 요구 속에서 방향을 잃기도 하죠. 소통에 문제가 있다는 걸 알면서도 해결책을 찾기가 쉽지 않습니다.

이 책은 그런 당신을 위해 쓰였습니다.

우리는 모두 시행착오를 통해 성장합니다. 그래서 실수를 넘어설 더 나은 방법이 필요하죠. "더 열심히 하라"는 말로는 해결되지 않는 문제들,

리더십을 가르쳐준 사람도, 준비할 시간도 부족한 당신을 위한 현장 가이드북이 여기 있습니다.

팀장님, 지금까지 잘 버텨오셨습니다. 그리고 이 책을 집어 들었다는 사실 자체가 이미 당신이 훌륭한 리더로 나아가고 있다는 것입니다. 팀장은 단순한 위치가 아니라 역할이며, 그 안에는 성취와 성장이 필요합니다. 이 여정을 포기하지 않고, 계속 배우고자 하는 당신의 의지가 놀랍고 감동적입니다.

실수는 누구나 하지만, 그것을 통해 배우는 사람은 많지 않습니다. 중요한 건 그 실수를 통해 얼마나 올바르게 나아가느냐입니다. 이 책은 당신 곁에서 작은 나침반이 돼줄 것입니다. 때로는 똑바로 가는 길을 알려주고, 때로는 지치고 힘들 때 잠시 쉬어가라고 응원할 것입니다.

기억하세요. 당신은 혼자가 아닙니다.

같은 고민을 하는 수많은 팀장이 있으며, 그들과 함께 성장하며 나아갈 수 있습니다. 이미 그 단계를 지나온 선배들의 애정 어린 조언이 함께할 것입니다.

이 책에는 2~3년 차 팀장들이 부딪히는 현실적 문제들과 그 해결책을 담았습니다. 이론적 조언을 넘어, 실제 팀장들의 생생한 경험과 현장에서

곧바로 써먹을 수 있는 통찰로 가득합니다.

1부 2~3년 차 팀장은 이렇다

지금 내가 왜 어려움을 겪는지에 대한 본질적 질문을 살펴봅니다. 아직은 제대로 된 인식이 부족하고 숙달되지 않아서, 그리고 일관성이 부족하다는 현황을 확인합니다.

2부 소통 모멘트

업무 지시부터 갈등 해결, 동기부여에 이르기까지, 팀장이 가장 자주 마주하는 소통 상황을 팀원과 팀장의 처지에서 자세히 살펴봅니다. 소통은 팀장 혼자만의 노력으로는 부족합니다. 서로 이해하며 문제 상황을 풀어나가는 방법을 찾아봅니다.

3부 소통 솔루션

경청, 공감, 인정, 질문, 피드백, 코칭, 문해, 작문, 문자 등 팀장이 맞닥뜨리는 상황별로 맞춤 솔루션을 제공합니다. 현실 적용성을 최우선으로 두고 전개합니다.

4부 자기 소통

타인과 소통을 잘하기 위해서는 자신과의 소통이 전제되어야 합니다. 스스로를 돌아보고 주변의 피드백을 받아 성찰하는 방법을 알려드립니다.

5부 이후 준비

지금의 어려움을 넘어서면 또 다른 상황이 기다리고 있습니다. 이미 그 단계를 지나온 선배들의 이야기를 듣고 미리 준비하세요.

이 책이 나오기까지 많은 분의 도움이 있었습니다. 현장에서 리더로서 경험과 지혜를 나눠주신 분들, 인터뷰와 사례로 이 책에 생동감을 더해 주신 팀장님들께 감사드립니다. 또한 이 책이 완성되기까지 개인 시간을 쪼개 토론하고 글을 써주신 여섯 분의 저자, WOW 프로젝트를 이끌어준 동아일보 측과 배미정 DBR 기자, 지희수 인터비즈 기자에게 깊은 감사를 전합니다.

이 책은 단순히 저자의 목소리만으로 만들어진 것이 아닙니다. 팀장으로서 함께 고민하고, 서로에게 배움을 나누는 여러분의 이야기와 열정이 녹아 있습니다. 다시 한번 팀장이라는 길 위에서 묵묵히 걸어가는 당신에게 존경과 감사를 보냅니다.

이제, 그 길을 힘차게 걸어가 봅시다.

2025년 2월
저자들을 대표하여, 비즈니스 코치 김진영

차례

PART

1

2~3년 차 팀장은 **이렇다**

하는 방법을 모르겠어…
인식의 부족

'회사에서 인정받는 스페셜리스트가 되겠어.'

'임원이 되어 신규 사업을 제대로 이끌어보고 싶어.'

'전문경영인이 돼서 우리 회사를 더 큰 규모로 키우고 싶어'

일에 대한 열정이 있는 직장인이라면 한 번쯤 꿈꾸어볼 만한 생각입니다. 회사에서 인정받는 위치에 오르면 그만큼 소득이 높아지고 권한도 커지니까요. 불과 10년 전만 해도 이런 생각은 직장인 대부분에게 일반적이었습니다. 하지만 그사이 많은 게 변했습니다.

기존의 PC에서 모바일로 정보통신 환경이 확장되면서 새로운 콘텐츠를 기반으로 시장이 급변하고 소득 창출 기회가 다양해졌습니다. 이제는 근로 외에도 여러 분야(무자본 사업, 온라인 유통, 금융 투자, 인플루언서 등)에서 소득을 창출할 수 있는 시대가 됐습니다. 회사에서 자신의 역량을 키워 승진을 목표로 하는 것은 더는 필수가 아닌, 여러 선택지 중 하나가 됐습니다.

2023년 5월 잡코리아에서 MZ세대 직장인 1114명을 대상으로 조사한 결과, 절반이 넘는 54.8%의 응답자가 '임원까지 승진하고 싶은 생각이 없다'고 답했습니다. 그 이유 중 가장 많은 43.6%가 '책임지는 위치가 부담스럽다'고 합니다. 한때는 '회사의 별'이라 불리며 직장인들의 최종 목표였던 임원 자리가, 지금은 예전만큼 선망하는 대상이 아닌 것입니다. 높은 임금을 받는 임원이지만 결국 책임만 많이 지는 계약직이라는 인식이 생겼습니다. 그저 '남들만큼'만 하면서 뒤처지지는 않되, 튀지는 않을 정도로 일하며 자신의 인생을 살고 싶다는 의미로 해석됩니다.

이런 현상은 리더십의 위기로 다가왔습니다. 조직 생활과 업무 역량에 큰 무게를 두지 않다 보니 몇 년이 지나도 성장이 더디고, 조금만 마음에 들지 않는 상황을 마주하면 조직을 쉽게 떠나는 이가 늘어났습니다. 이런 경향에 맞춰 리더의 역할도 바뀌어야 한다는 자성의 목소리와 함께, 조직 관리 방법도 변화하면서 리더의 역할은 오히려 더 늘어나게 됐습니다.

팀장으로 발령받았다는 소식을 처음 들었을 때의 느낌을 떠올려 봅시다. '드디어 해냈다! 드디어 나도 인정받는구나'의 느낌에 가까웠나요, 아니면 '내가? 갑자기? 왜?'의 느낌에 가까웠나요? 네이버 카페 '팀장클럽'에서 만난 많은 팀장들의 경우는 아래와 같이 갑작스러운 상황에 가까웠습니다.

- 팀장이 퇴사하거나 다른 부서로 이동하면서 팀 내의 팀원이 팀장으로 임명.
- 태스크포스로 차출돼 일하다가 그대로 신규 부서로 승격되면서 팀장으로 임명.
- 팀원 포지션으로 이직했는데 팀장으로 임명.

팀장은 직급·연령·근속연한과 상관없이 능력, 업무, 조직 구조에 따라 때와 상황에 맞춰 맡을 수 있는 직책이 됐습니다. 빠르면 20대의 나이에, 늦으면 50대의 나이에도 팀장 역할을 맡는 상황이 올 수 있습니다. 이 때문에 대부분은 팀원으로서 자신의 직급에 맞는 일을 수행하던 중 갑작스럽게 팀장이라는 직책의 책임과 의무를 마주하게 됩니다. 다만 팀장으로서 새롭게 맡는 업무는 팀원 시절에는 생각지도 못한 것이 많습니다. 안타깝게도 팀장의 역할을 충분히 인지하지 못하고, 그 중요성을 인식하지 못한 채 팀장 자리에 오르는 것이죠.

팀원은 팀의 목표 달성을 위해 개별 업무를 중심으로 움직이는 정도로 충분합니다. 반면 팀장은 팀 목표 달성을 위한 전략을 수립하고, 팀원들의 업무가 제대로 흘러갈 수 있도록 의사결정을 주도해야 하며, 그들의 성과관리까지 두루 살펴야 합니다. 신입 사원 때부터 팀장이라는 것을 하나의 목표로 삼아 이런 내용들을 차근차근 공부하며 직책을 획득한 것이 아닌 이상 팀장 역할은 어려울 수밖에 없습니다. 시행착오는 당연한 수순입니다. 책임지기를 점차 기피하는 사회에서 누군가는 해야 하는, 한 조직의 책임자로서 역할을 감당하는 팀장은 꼭 필요한 존재입니다.

결국 팀장이 된다는 것은 단순한 직책을 맡는 것 이상의 의미입니다. 비록 CEO나 임원에 비해 규모는 작지만, 자신이 속한 조직에 대해 책임을 지고 그들과 함께 성장하는 여정에 나서는 일입니다. 이렇게 시작된 리더의 길은 앞으로 더 큰 조직과 책임도 맡을 수 있는 기반이 될 것이며, 팀장으로서 마주할 상황은 앞으로 더 나은 의사결정을 할 수 있는 경험이 됩니다. 팀장을 시작으로 여러분은 조직의 핵심 리더로 성장하기 위한 발걸음을 내딛는 것입니다.

팀장이 되기 전까진
미처 몰랐던 세 가지

직장인 중 극히 일부는 리더십을 학습하며 차근차근 리더가 되겠다는 마음을 품고 준비하지만, 대부분은 그렇지 않습니다. 혹시 중간에 리더십 교육을 받을 기회가 있더라도 진지하게 받아들이기 힘듭니다. 지금 당장 필요하지 않기 때문입니다. 그러다 팀장의 자리에 올라서고 나서야 급히 공부를 시작합니다. 갑작스레 팀장이 되고 나면 어떤 것들이 눈에 보일까요?

첫째, 생각보다 중요한 팀장의 역할입니다. 팀원의 시선에서 보면 팀장은 그저 일을 만들어서, 업무를 지시하고, 회의만 잔뜩 소집하는 것처럼 보일 수 있습니다. 그러나 팀장은 조직의 목표 달성을 위해 업무를 기획하고, 각 팀원의 능력과 시간을 고려해 업무를 분배하며, 프로젝트의 진행 상황을 점검하기 위해 회의를 소집합니다. 이 과정에서 팀원이 불만을 느낄 수 있지만 사실, 팀장은 팀 전체의 성과를 이루기 위해 심사숙고 후에 전략적으로 움직이는 것입니다.

팀장의 생각	팀원의 생각
이 프로젝트만 잘 끝내면 우리 팀 성과가 더 좋을 거야, 우리 팀에서 맡아서 한번 해보자.	우리 팀장님 또 일거리 만들어 오셨구나!
이 업무는 A 대리가 잘하니 A 대리에게 요청하고, 저건 손이 빠른 B 사원에게 주면 잘 돌아가겠지?	매번 비슷한 업무 지시만 계속 받다 보니 일이 재미가 없네.
전에 요청했던 일은 잘 돌아가고 있는지 회의하면서 한번 점검해 볼까?	일도 많은데 왜 또 회의 소집을 하는 거지?

  하지만 팀원들은 종종 팀장의 역할과 책임에 대해 충분히 이해하지 못하고, 그 중요성을 간과하기 쉽습니다. 이로 인해 팀장은 업무를 지시하거나 위임하는 데 어려움을 겪을 수 있습니다. 따라서 팀장은 자신의 비전과 목표를 팀원들과 명확히 공유하고, 서로의 역할을 인정하고 이해하는 과정을 통해 진정한 팀워크를 구축해야 합니다.

  둘째, 팀장으로서 느끼는 의사결정의 무게입니다. 팀원일 때는 의사결정의 범위가 넓지 않습니다. 자신의 업무 부분을 중심으로 약간의 판단을 더해 진행하다가, 주요한 의사결정은 팀장에게 넘기면 됐습니다. 하지만 팀장이 된 순간, 그 주요한 의사결정을 이제 자신이 해야 하는 처지가 된 것입니다. 팀원이 팀장의 의사결정을 단순한 선택으로 여기는 반면, 팀장은 그 선택의 무게를 홀로 감당해야 합니다. '과연 내가 내리는 이 결정이 옳은 것인가' '만약 틀린 결정이 되고 나면 어떻게 책임을 질 것인가' 그리고 '왜 팀원들은 하나같이 내 결정만 기다리고 있는 것인가'와 같은 생각이 많아집니다.

팀장의 생각	팀원의 생각
결정 내리기가 정말 어려운데 내 생각이 맞을까?	팀장님 결정대로만 하면 별일 안 생기겠지.
왜 다들 내 결정만 기다리고 스스로 생각해서 보여주지는 않을까?	괜히 내 생각 넣었다가 한 소리 들을 수 있으니 팀장님 결정만 기다려봐야지.
자료가 부족해서 결론이 안 날 것 같아, 좀 더 필요하겠어.	진작 처음부터 요청하면 좋았을 텐데 왜 나중에 더 보충해 달라는 걸까?

  팀장의 의사결정은 팀의 현재와 미래에 광범위한 영향을 미칩니다. 프로젝트 방향 설정, 업무 분장, 우선순위 결정 등 모든 측면에서 팀장의 판단이 중요합니다. 이를 위해 팀장은 철저한 정보 수집과 분석, 리스크 평가, 그리고 팀원들과 소통을 통한 의견 수렴 과정을 거칩니다. 팀원들이 결과만을 바라보는 동안, 팀장은 그 결정이 가져올 파급효과를 깊이 고민하고 최종 책임을 지는 위치에 있습니다.

셋째, 조직 운영과 관리의 복잡성 또한 팀장이 직면하는 주요 과제입니다. 팀원 시절에는 주로 자신의 업무에만 집중했다면, 팀장은 각 팀원의 업무 영역, 방식, 역량, 그리고 팀 내 관계까지 세심하게 파악하고 관리해야 합니다. 이는 단순한 업무 분배를 넘어, 각 팀원의 성장과 팀 전체의 역량 강화를 위한 지속적인 피드백과 지원을 포함합니다.

또한 팀 내 갈등 상황에서 팀장은 중재자이자 해결사 역할을 수행해야 합니다. 예를 들어 팀원 간 업무 충돌로 갈등 상황이 발생했을 때, 팀장은 상황을 정확히 파악하고 적절한 해결책을 모색해야 합니다. 이는 관련 팀원들의 성격, 업무 스타일, 문제의 근본 원인을 분석하고, 최악의 시나리오까지 고려한 종합적 대응 전략을 수립하는 것을 의미합니다.

결국 팀장의 역할은 단순한 관리자를 넘어 팀원들의 성장을 돕는 코치이자 멘토로 확장됩니다. 팀의 성과가 좋을 때나 어려움에 직면했을 때나, 팀장은 항상 팀원들을 세심하게 관찰하고 필요한 지원을 제공하며, 팀 전체의 발전을 이끄는 핵심 역할을 수행합니다.

익숙하지 않아···
숙련의 부족

    우리가 보통 두 다리를 이용해 이동할 땐 걷거나 뛰어서 갑니다. 잘 걷는 사람이라면 뛰는 건 '다리만 빨리 움직이면 된다'고 생각하기 마련입니다. 물론 뛰려면 뛸 순 있겠죠. 하지만 잘 뛰는 사람들과 비교하면 빨리 뛰기가 훨씬 더 힘들다는 걸 느끼게 됩니다. 체력을 더 길러야 하고, 무게 중심 이동과 보폭, 팔 동작, 호흡까지 걸을 때와는 다른 방식으로 해야 합니다. 잘 뛰는 방법도 따로 공부하고, 때로는 레슨을 받아야 하며, 꾸준한 연습도 필요합니다. 아무리 잘 걷는 방법을 알고 있다 하더라도 올바른 방법을 익히고 연습한 후에야 제대로 뛸 수 있게 되는 겁니다.

팀장으로 일하는 것도
연습이 필요하다

팀장으로서 일하는 것도 마찬가지입니다. 팀원의 일을 걷는 것이라고 한다면, 팀장의 일은 뛰는 것이라고 비유할 수 있습니다. 팀장은 팀원과는 다르게 일해야 합니다. 조직 내 위치와 책임 범위가 달라졌기 때문이죠. 조직 내에서 팀장과 팀원이 추구하는 큰 목적은 같을지 몰라도, 구체적 목표는 서로 다릅니다. 어떤 역량을 키워야 할지 감을 잡지 못한 채 2~3년을 보내며 팀원 시절 하던 대로 팀장 업무를 수행한다면, 들인 시간과 노력에 비해 좋지 않은 결과를 얻게 됩니다. 뛰어난 실무 능력을 인정받아 팀장으로 승진했지만, 오히려 그가 이끄는 팀의 성과가 더 떨어졌다는 이야기는 주변에서 흔히 들을 수 있습니다. 걷던 방식 그대로 뛰려 하니 제대로 뛸 수 없는 것입니다.

스포츠 팀에서도 이런 사례를 볼 수 있죠. 필드에서 최고의 실력을 보여준 선수가 그 능력을 인정받아 국가대표팀 감독이 됐지만, 정작 그가 이끄는 선수들의 기량이 전보다 떨어지는 경우가 종종 뉴스에 대서특필되곤 합니다. 반대로 선수 시절 그다지 두각을 나타내지 못했거나, 아예 선수 경력이 없는 감독이 큰 성공을 거두는 경우도 있습니다. 예를 들어, 전 베트남 축구 국가대표팀의 박항서 감독은 한국 축구 국가대표로 단 한 경기만 뛰었지만, 이후 한국 대표팀 코치와 국내 프로팀 감독을 거치면서 아시아 최약체로 여겨지던 베트남 대표팀을 2019년 동남아시안게임 우승으로 이끌었습니다. 이런 사례들을 보면 실무 능력이 그대로 리더십으로 이어지는 건 아니며, 리더십은 실무 능력과는 다르게 발현될 수 있는 걸 알 수 있습니다.

2024년 휴넷에서 직장인 628명을 대상으로 한 팀장 리더십 조사 결과를 보면, 팀장과 팀원이 생각하는 바가 꽤 다르다는 게 흥미롭습니다. 팀원의 98.4%는 팀장의 자기계발이 필요하다고 답했고, 팀장의 53.7%도 자신의 역량 부족으로 퇴사를 고려한 적이 있다고 답해, 양쪽 모두 팀장의 역량에 대해 진지하게 고민하고 있음을 알 수 있습니다. 그런데 팀원들이 팀장에게 바라는 공부 분야는 '팀/조직 관리'(46.7%), '인간관계 관리'(40.2%), '커뮤니케이션 스킬'(39.3%) 순인 반면, 팀장들은 '실무'(56.1%), '인간관계 관리', '팀/조직 관리', '트렌드'(공동 2위, 41.5%) 순으로 나타났습니다. 즉 팀원들은 팀장이 팀 전체를 잘 이끌어주길 바라는 반면, 팀장들은 성과를 위해 자신의 실무 능력 향상에 더 신경 쓰고 있다는 걸 보여줍니다.

우리 팀이 제대로 돌아가지 않을 때 자신의 역량을 되짚어 보는 건 좋은 일입니다. 하지만 팀장으로서 성과를 내기 위해 2년이 지나고 3년이 지나는 동안 자신의 실무 능력을 향상하는 데 시간과 에너지를 쏟는다면 그만큼 이상적인 팀의 기능과는 멀어지게 됩니다. 팀장은 팀장답게, 팀원일 때와는 다른 위치에서 일한다는 자각을 갖고 일하는 방식을 서서히 바꿔 나가는 연습을 하는 게 필요합니다. 이제 잘 걷던 때를 넘어 잘 뛰어나갈 차례입니다.

일하는 습관
전환의 필요성

실무 경력이 긴 팀장은 대부분의 팀원보다 실무 능력이 뛰어난 경우가 많습니다. 이런 팀장들은 종종 일을 팀원에게 맡기기보다 자신이 처리하는 게 더 빠르다고 여깁니다. 그래서 자주 스스로 일을 해결하곤 하죠. 그리고 이를 '효율적'이라고 생각합니다. 틀린 말은 아닙니다. 팀원들의 업무 부담을 줄이고, 팀원과 팀장 사이에 오갈 피드백과 자료 수정에 들어갈 시간을 아낄 수 있다는 점에서 보면 효율적이긴 합니다. 실무에서 일하던 관성이 아직 그대로 남아 있는 새내기 팀장에게서 흔히 볼 수 있는 모습입니다.

하지만 우리는 팀이 팀장 한 사람으로만 돌아가지 않는다는 점을 먼저 인식해야 합니다. 팀의 성과는 팀장과 팀원 모두의 능력과 태도에 비례합니다. 팀에서 처리해야 할 일을 팀원들과 나눠 진행하면, 팀원들도 업무를 수행하며 자신의 능력을 키울 기회를 얻을 수 있습니다. 거꾸로 말하면, 팀원이 맡아야 할 일을 팀장이 대신 처리해 버린다면 팀원이 성장할 기회를 팀장이 차단해 버리는 결과로 이어지게 됩니다.

그렇다면 팀장이 해야 할 일은 무엇일까요? 팀의 성장을 위해 팀원들에게 기회를 주고, 팀이 나아갈 방향과 전략을 구상하는 것입니다. 같은 시간을 들여 팀 성장과 전략 구상에 쓸 때와 실무에 쓸 때를 비교해 보면, 기회비용 측면에서 전자가 훨씬 더 큰 가치가 있다는 걸 알 수 있습니다.

물론 실무를 해야 할 때가 있고, 그게 더 중요할 때도 있습니다. 하지만 거기에 빠져 팀장이 아닌 팀원처럼 일하게 된다면, 오히려 자신이 팀과 팀원의 성장을 가로막게 됩니다. 비록 익숙하지 않더라도, 팀원들을 믿고 기회를 주는 연습이 필요합니다. 아래 예시를 통해 팀 내에서 팀장의 업무 진행 방식을 비교해 봅시다.

팀원처럼 일하는 팀장

A 팀장: "B 대리, 이번 주 보도자료 내용은 제가 작성해 봤어요. 이 내용으로 배포하면 괜찮을 것 같은데 전송하기 전에 한번 봐주세요."

B 대리: "네, 팀장님. 감사합니다. 그런데 제가 오늘 쓰면 되는 내용이었는데 무슨 일 있으셨나요?"

A 팀장: "그냥 제가 좀 더 빠르게 쓸 수 있을 것 같아서 해봤어요. 이 내용으로 참고해서 다음 번 보도자료 때 잘 써주세요."

팀장답게 일하는 팀장

A 팀장: "B 대리, 이번 주 보도자료 내용에 대해 생각을 좀 해봤어요. 주요 내용 중에 이런 몇 가지 포인트를 추가하면 좋겠는데 B 대리가 내용을 좀 더 구체적으로 작성해 주겠어요?"

B 대리: "네 팀장님, 알겠습니다. 이 구성으로 오늘 퇴근 전까지 드리면 될까요?"

A 팀장: "5시 전까지 부탁할게요. 이후 같이 리뷰한 후에 배포해 봅시다."

팀원처럼 일하는 A 팀장은 자신이 먼저 업무를 끝냄으로써 시간은 확보했지만, 대신 B 대리는 업무 경험 기회를 잃었습니다. 보도자료 작성 경험은 그저 간접적으로만 경험하게 된 것이죠. 반면 팀장답게 일하는 A 팀

장은 B 대리가 보도자료를 작성하기 쉽도록 가이드 라인을 제시하며 작성을 요청합니다. 그리고 마감 시간까지 설정 후 피드백 기회까지 부여했습니다. 아직 실무자일 때의 습관이 많이 남아 있는 저연차 팀장은 이제 위쪽에서 아래쪽처럼 팀원들에게 일을 맡기는 연습이 필요합니다.

팀장의 업무는 팀 외부에서도 팀원과 구별됩니다. 팀 밖에서는 팀을 대표하는 사람으로서 더 큰 조직(예를 들어 본부, 부문, 회사)의 목표 달성을 위해 팀의 역할과 성과를 이야기해야 합니다. 이때는 조직 내에서 좀 더 멀리 내다본 정량적 데이터를 바탕으로 해야 합니다.

만약 팀장이 아직 근시안적 생각을 갖고 자의적 판단만을 근거로 부서 간 회의에서 발언한다면 큰 문제를 일으킬 수 있습니다. 특히 여러 부서 간 협업이 동시에 진행되는 상황이라면, 팀별로 나뉜 역할 점검과 최종 목표에 대한 합의, 그리고 앞으로의 방안 등에 대한 의견이 오가며 의사결정이 이뤄져야 합니다. 그런데 팀을 대표해 내부에서 결정해야 할 사항도 정리하지 않은 채 의사결정을 요구하는 안건을 가져오는 등의 행동을 한다면, 해당 팀장은 부서 간 협력에서 중요한 의사결정을 내릴 수 있는 역량이 부족하다고 평가받을 수 있습니다. 이는 협력을 위한 주요 역할에서 배제되어 결국 해당 부서의 입지를 약화시키는 결과로까지 이어질 수 있습니다.

팀원일 때는 회의에 필요한 자료를 작성하고, 의사결정을 위한 데이터를 준비하는 것이 중요한 역량 중 하나입니다. 하지만 팀장으로서 팀을 대표하는 자리에서는 이뿐만 아니라 회사가 가진 큰 그림 아래에서 해당 팀의 역할과 다른 팀과 협업을 어떻게 이뤄낼 수 있을지에 대한 생각이 바탕이 된 의견과 데이터가 필요합니다. 아래의 예시를 통해 그 차이를 살펴보겠습니다.

팀원처럼 일하는 팀장

A 팀장: "이사님, 이번에 진행되는 팝업스토어 프로모션의 자료를 준비해 보았습니다. 우선 SNS 포스팅부터 보시면 광고 모델로서 요즘 각광받는 인플루언서 D 씨를 생각해 보았습니다. 슬로건은 이와 같이 몇 가지를 준비해 보았는데 어떠세요?"

C 이사: "A 팀장님, 준비하신 건 잘 보았습니다. 그런데 이런 구체안보다는 이번 프로모션을 통해서 우리가 얻을 수 있는 이익과 그 전략에 대해 먼저 설명해 주시면 좋겠습니다."

팀장답게 일하는 팀장

A 팀장: "이사님, 이번 팝업스토어 프로모션을 통한 저희의 목표는 시장점유율을 현재보다 20% 더 상승시키는 데 있습니다. 현재 20대 여성에게 인지도가 높은 인플루언서 D 씨를 앞세워 SNS 포스팅과 컬래버 영상 제작에 대한 기획을 진행하려 합니다."

C 이사: "A 팀장님, 알겠습니다. 그럼 이걸 위해 어떤 부서와 협력이 필요하지요?"

A 팀장: "우선 그래픽 제작팀의 협력이 필요합니다. SNS에 사용될 슬로건과 이미지 제작에 협력을 요청합니다. 이번 프로모션 콘셉트와 해당 텍스트는 바로 보내드릴 수 있습니다."

위쪽의 A 팀장은 팀 내에서 자신의 주관 아래 결정하고 보고해야 할 사항을 C 이사에게 물어보다가 주의를 받았습니다. 반면 아래쪽의 A 팀장은 팀 내에서 이루어야 할 목표와 그 방법에 주관을 갖고 진행하려 의견을 전달했으며, 이를 위해 타 팀에서 어떤 일만 도와주면 되는지 업무 내용을 멀리까지 파악하고 있습니다. 이렇듯 보고의 범위와 일의 흐름을 팀원일 때보다 더 멀리, 더 넓게 알아야 타 부서와 협업도 제대로 이끌어나갈 수 있습니다.

사람이 하나의 습관을 들이기 위해서는 최단 21일에서 최장 66일이 걸린다고 합니다. 작은 습관 하나를 위해서도 이 정도 기간은 필요합니다. 하물며 몇 년에 걸쳐 해오던 업무 방식을 변화시키는 데는 좀 더 긴 시간이 필요할 수 있습니다. 그건 역량이 모자라서가 아니라 단지 일하는 방법이 달랐기 때문에 조금 더 돌아가는 것뿐입니다. 비록 시간이 걸리고 시행착오를 겪더라도 제대로 된 팀을 만들기 위해서는 팀장답게 일하는 방식으로 전환해야 합니다. 만약 팀장으로서 사계절이 몇 번 바뀌는 동안 열심히 걷고만 있었다면, 이제부터 연습하며 제대로 뛰어봅시다.

꾸준히 하기 힘들어…
지속의 부족

팀장이 되고 나니 회사 생활이 왜 이리 어려울까요? 팀원 때는 내 일만 잘하면 됐는데, 이제는 회의 몇 번 하고 팀원들과 이야기 좀 나눴다 싶으면 퇴근 시간이에요. 그런데 내 할 일은 아직 산더미고, 야근은 일상이 돼가 죠. 거기에 상사 지시까지 챙겨야 하니 '몸이 두 개면 좋겠다' 싶을 겁니다. 아주 힘들 때면 퇴사도 떠올리다가 다시 바쁜 일상으로 다이빙합니다. '내가 생각했던 팀장 생활이 이런 거였나?' 하는 고민만 깊어갑니다.

처음엔 '좋은 리더가 되자, 실무도 잘하고 팀원 관리도 잘하는 사람이 되자'고 다짐했던 그때가 그립죠? 요즘은 한숨만 늘고, 하고 싶단 생각보다 하기 싫단 말이 먼저 나와요. 내일은 더 잘해 봐야지 싶어도, 막상 내일이 오면 어제의 다짐은 온데간데없고…. 초심을 유지하기가 이렇게 어려운 걸까요? 환경 탓일까요, 사람들 탓일까요, 아니면 내 탓일까요?

초심이 도망치는
이유

1. 모르는 게 너무 많아

팀원 시절에는 내 몫의 일만 잘해도 곧잘 일 잘한다는 소리를 듣습니다. 특수한 사정이 아니라면 본인의 업무는 어느 정도 정해져 있습니다. 그런데 팀장은 아닙니다. 오늘이 어제와 다르고 어제는 그저께와 또 다릅니다. 매일 출근해서 퇴근할 때까지 어제는 없었던 새로운 사실을 알게 되고 새로운 이슈를 맞이해야 합니다. 내 한 몸만 건사하는 팀장은 정상이 아니니 팀 관리도 필수입니다. 실무에, 회의에, 협업에… 모두 지금의 당신에게는 새로운 것투성이입니다.

생각해 보면 다 있을 법한 일들인데 유독 당신에게만 다 새로운 이유가 무엇일까요? 팀장이 됐을 때 앞으로 이런 일들이 있을 거라고 예고해 준 사람이 아무도 없기 때문입니다. 팀원과 팀장은 서 있는 자리가 좀 다릅니다. 같은 내용의 이슈라도 팀원 시절에는 그게 그렇게 문제인가 싶어도 팀장에게는 아닐 수 있습니다. 그 차이를 팀원일 때 알고 팀장으로 승진하는 경우는 거의 없습니다. 결국 경험해야 알게 되는 겁니다. 더 난감

한 건 내일이 되면 어제 알게 된 것과 또 다른 새로운 경험을 해야 하는 점입니다. 상황이 이러니 초심을 늘 똑같이 유지하기 어렵습니다.

2. 왜 나만 갖고 그래

팀장이 되고 가장 힘든 점이 무엇인지 열 명에게 물어보면 다섯 명 정도가 "위아래에서 모두 날 힘들게 한다"고 이야기합니다. 팀장은 팀원과 상사를 모두 상대하는 전천후 메이커이자 연결자 역할이 필수이기 때문이죠. 이거 정말 쉬운 게 아닙니다. 팀원 의견도 듣고, 상사 지시도 잘 따라야 합니다. 까딱 잘못하면 팀원들에게 공정성 제로 팀장으로 찍히기 십상이고, 상사는 팀장 시켜놨더니 엉망으로 일한다는 질책을 퍼부을 수 있습니다.

천성이 사람 상대하는 것을 좋아해도 회사에서 팀원과 상사 모두를 계속 마주하다 보면 지치는 날이 생기는데, 혹여 내성적 성향을 가진 경우라면 팀장으로서 날이 갈수록 지치는 걸 넘어 화병이 생길 지경입니다. 하루에도 몇 번 "나도 사람이다"라는 말이 나오는데 어디 하소연할 사람이 마땅하지 않습니다. 상황에 따라 무게중심이 달라지기 때문에 초심을 꾸준히 유지하기 쉬운 사람이 과연 있을까 싶은 겁니다.

3. 그래도 실무는 해야지

팀장이 되고 난 후 갑자기 늘어난 업무량 때문에 힘들다는 분이 많습니다. 하루 일과를 떠올려보면, 팀원에게 업무를 배분하고, 완료된 업무를 검토하고, 정리해서 상부에 보고하는 것만으로도 하루가 훅 지나갑니다. 그런데 그게 끝이 아닙니다. 당신의 할 일 목록에는 아직 실무가 많이 남았습니다. 실무를 줄이면 좋겠다는 생각은 들지만 망설이는 경우가 대부분입니다. 실무를 놓는 순간 업무 능력이 떨어지거나 팀원에게 밀릴까 하는 걱정이 앞서기 때문입니다. 언뜻 출근해서 퇴근할 때까지 꼰대 노릇과 정치질만 일삼던 옛날 부장님처럼 될 것 같고요. 그래서 실무는 아무리 힘들더라도 맡게 되는 것이죠.

지금의 팀장은 실무 감각 없이 살아남기 힘든 시대이니 사실 이런 상황은 자연스럽긴 합니다만, 문제는 갑자기 늘어난 업무량으로 인해 처음 다짐을 유지하기 어렵다는 겁니다. 팀장이 되면서 품었던 마음이 실무 압박 때문에 무너지는 경우가 많습니다.

소통의 관점에서 당신이 현재 어떻게 하고 있는지를 관찰해 볼 필요가 있습니다. 왜 매일이 새롭고 생소하기만 한지, 왜 나는 위아래에서 이른바 '까이기'만 하는 것인지, 세상에서 가장 일 많이 하는 사람이 된 것인지를 알아보려면 스스로 어떻게 행동하고 있을까 아래 사례를 보며 생각하면 좋겠습니다. 만약 '내 얘기 같아' 하는 느낌이라면 초심이 무색해지기 딱 좋은 환경입니다. 하지만 낙담할 필요는 없습니다. 모두 해결책이 있는 문제입니다.

나만 모르는
달라진 분위기

원래 정말 친했던 동료가 팀장이 된 후 서먹해진 경험을 한 적이 있습니까? 얼마 전까지 같은 동료였다가 당신을 팀장으로 만나게 된 팀원들도 예외가 아니며, 존경하는 상사 역시 마찬가지입니다. 나는 그냥 팀장만 된 것일 뿐 나라는 사람은 똑같은데 나를 대하는 구성원들의 분위기는 예전과 달라지는 경우가 많습니다. 나라는 사람이 바뀌지 않아도 바뀐 상황으로 인해 누군가에게는 완전히 다른 사람으로 보일 수 있는 점을 우리는 대부분 인식하지 못합니다.

서두에서 팀원일 때 별것 아닌 이슈가 팀장이 되면 완전히 다를 수 있다고 이야기했습니다. 어느 날 상사가 나에게 지적을 했는데 "어라? 이게 팀원이었을 때는 웃으면서 이야기하신 건데?" 하는 에피소드가 떠오른다면 스스로 달라진 상황을 제대로 의식하지 않았다는 증거입니다. 이 정도만 있다면 좋겠지만 현실은 늘 이보다 심각합니다.

팀장이 되면 생각 이상으로 많은 사람을 상대합니다. 대표적으로 협업을 하거나 업무 연관도가 높은 유관 부서입니다. 부서 간 협업을 위한 협의든 논의든 팀장은 반드시 필요하고, 협업 도중 팀원이 유관 부서에 실수라도 하면 수습과 마무리에 팀장이 빠질 수가 없습니다. 이런 상황은 예측마저 어렵습니다.

문제는 이런 상황에서 당신을 일 잘하던 팀원 시절과 똑같이 대하는 사람이 별로 없다는 점입니다. 내가 맡고 있는 실무를 팀원 시절과 똑같이 해도 이전 같은 평가를 내리지 않습니다. 왜 그럴까요? 야속하지만, 다른 사람들은 팀원에서 팀장이 된 순간 사람들은 유능한 팀장 그 자체를 기대하고 다가오기 때문입니다. 만화 속 주인공처럼 마법봉을 휘둘러 순식간에 다른 사람이 되는 게 아닌데, 그렇지만 회사에서는 팀원에서 팀장으로 바뀌는 시간을 길게 주지 않습니다.

팀장이 된 후 시간이 갈수록 당신과 관계가 더 서먹해지는 누군가가 있다면 팀원 시절과 팀장 이후의 당신의 태도와 자세가 똑같기 때문일 가능성이 있습니다. 어떻게 바꿀 수 있을까요? 팀장으로 지내며 매일이 새로운 것처럼 스스로도 새로워질 필요가 있습니다. 일단 갑자기 달라진 태도를 보이는 동료, 팀원, 상사와 과거의 시간은 과감하게 추억으로 남겨두기 바랍니다. 지나간 건 다시 돌아오지 않습니다. 지금부터 새로운 사람과 함께하는 거라고 마음먹어 보면 그다지 어렵지 않을 수 있습니다.

나에게 원하는 행동이 어떤 것인지 빨리 알고 싶다면 메일로 정중하게 물어보는 것도 하나의 방법입니다. 물론 일대일 대화가 가장 효과적이겠지만 섣부른 시도는 어색함만 더 키울 수 있으니 우회해 보는 것이 좋습니다. 메일을 쓸 땐 정중함과 예의를 꼭 갖추는 것도 잊지 마세요. 직책이 바뀐 후 매일 크고 많은 도움을 주심에 감사하다, 궁금한 것이 있는데, 혹시 내가 팀장으로서 부족한 행동을 했거나 설명이 필요한 점, 보완하면 좋은 행동이 있다면 알려주면 좋겠다, 요새 너무 바쁜 탓에 편하게 이야기하는 시간을 보내지 못하는 것 같은데 예전만큼 좋은 대화 시간이 만들어지지 않아 아쉽다, 이 정도면 좋습니다. 진심이 담긴 내용은 상대에게 결코 가볍지 않게 다가가는 법입니다. 오히려 솔직하고 진솔한 피드백을 받을 수도 있습니다. 업무관계를 더 좋게 하기 위한 용기를 내볼 것을 권합니다.

무소의 뿔처럼
혼자 완료하는 업무

팀장 중에 팀 내 업무는 반드시 팀장이 상부에 보고해야 한다고 생각하는 분들이 있습니다. 팀장이 보고해야만 업무 완료라고 생각하는 경우입니다. 팀장이 처음 됐을 때는 이런 자세가 상사에게는 책임감 있는 팀장이라는 인식을 줄 수는 있습니다. 팀원들 처지에서도 적극적으로 행동하는 팀장이라고 생각할 수 있겠지요. 그러나 이런 유형은 시간이 지날수록 부작용이 커집니다.

일단 팀원이 진행한 업무를 일일이 들여다봐야 합니다. 내가 보고하기 편한 결과물이 나와야 문제없는 보고를 진행할 수 있기 때문입니다. 나의 상사 입장에서 보면 팀원들이 무슨 일을 하는지 잘 모릅니다. 팀원들의 얼굴을 볼 일이 없으니까요. 또한 결과물을 아무리 잘 정리해서 보고하더라도 혹 상사가 원하는 방향이 아닐 경우 그에 대한 지적과 질책은 오롯이 팀장의 몫입니다.

더 큰 문제는 팀 내에서 받는 평가입니다. 처음엔 좋을지 몰라도 시간이 흐를수록 팀원들은 우리 팀장님은 팀원들의 성과를 다 가로채는 사람으로 오해할 가능성이 높아집니다. 가장 큰 문제는 팀장 자신에게 생깁니다. 보고를 준비하며 팀원들의 업무에 일일이 관여해야 하므로 가뜩이나 부족한 여유 시간은 더 없어지고, 보고 자체가 많아지면서 업무 피로도는 그만큼 올라갑니다.

팀원들은 공을 가로챈다는 오해 속에 팀장과 멀어지고, 모두 통과되는 보고면 모를까 지적받거나 반려되는 횟수가 늘어날수록 자신감은 하락하고 업무 적극성도 갈수록 떨어집니다. 당연히 팀장으로서 성과는 높이 나오기 어렵겠지요. 어떻게 꾸준함을 유지할 수 있겠습니까?

팀장이 보고의 주체가 되는 것은 물론 맞습니다. 하지만 꾸준하게 당신의 초심을 유지하며 오래 가야 한다면 이 습관은 고쳐나갈 것을 권합니다. 우선 업무의 볼륨과 보고의 주체를 사전에 정해 보세요. 시작부터 상부에 보고할 담당자를 지정하고 팀원에게 미리 위임하는 겁니다(물론, 상급자와 사전 협의가 필요할 수 있습니다). 그 시간 속에서 당신은 중간 조정과 진척도를 잘 유지하는 조력자의 역할을 하면 됩니다.

특히 볼륨이 작은 업무이지만 보고가 필요한 경우라면 팀원에게 직접 진행부터 완료까지 위임해 보세요. 그리고 결과를 중심으로 공유받는 겁니다. 처음엔 이렇게 맡겨도 되나 불안할 테고, 팀원도 팀장님이 날 막 두는 건가 원망하는 마음이 생길 수 있습니다. 하지만 너무 걱정하지 않아도 됩니다. 팀장은 중간에서 이미 팀원에게 중간 진행 사항을 공유받고 피드백을 주고 있지 않습니까?

그리고 직접 보고를 맡기는 경우라면 사소하지만 업무에 유용한 꿀팁을 전수해 보세요. "○○○ 이사님은 주로 ○○시 정도에 만나 뵈면 좋더라" "○○○ 부장님은 ○○한 점을 먼저 말씀드렸을 때 만족도가 높다" "이러한 내용은 ○○○이라는 조사 내용도 좋은데 여기에 ○○ 내용도 함께 추가해서 넣으면 좋을 것 같다…" 이런 예시 정도가 있겠네요.

이렇게 시간을 쌓아가면 상사에게는 팀 성과를 잘 챙기는 직원으로, 팀원들에게는 세심한 팀장님이라는 성과를 올릴 수 있습니다. 좋은 팀장이 되고 싶다는 초심을 유지하는 방법 중 하나는 팀장이 시작부터 끝까지 다하는 사람이라는 의무감을 버리는 겁니다. 팀장이 됐다고 해서 없었던 무한대의 능력이 갑자기 생기는 게 아니거든요. 자신도 팀도 상사도 꾸준히 오래 함께 잘 갈 수 있는 방법을 익히는 팀장이 된다면 사내에서 '늘 한결같이 초심을 유지하는 사람'이라는 덕담도 듣게 될 것입니다.

꾸준히 하기 힘든 것은 어쩌면 꾸준히 할 수 없는 환경이 됐기 때문일지 모릅니다. 그런데 어쩌면 그건 스스로가 그렇게 만들었을 수 있습니다. 잘하고 싶어서 한 행동인데 방법과 요령을 잘 모르니 하면 할수록 자꾸 초심과는 멀어지는 나날이 계속된 것입니다.

하지만 시간이 더 흐르기 전에 자신의 생각과 행동을 돌아보고, 꾸준히 하지 못하게 만드는 것들은 고치고, 하게 만드는 건 더 잘 키워나가면 됩니다. 이제 시작한 지 얼마 되지 않았으니 말입니다. 그리고 좀 시간이 흘렀어도 어떻습니까? 다시 시작하면 됩니다.

처음 팀장 승진 당시를 떠올리며 초심을 상기한 당신에게 박수를 보냅니다.

PART

2

2~3년 차 팀장의 소통 모멘트

소통의
결정적 순간들

2~3년 차 팀장님들! 팀을 이끌어오면서 다양한 소통을 경험하셨을 겁니다. 여러 상황 중에서 가장 중요한데 해결하기 어려운 여덟 가지 순간을 선별했습니다. 각 상황에서 팀원과 팀장이 어떤 생각을 하는지, 그리고 이를 어떻게 해결할 수 있을지 함께 고민해 보겠습니다.

지시의 순간

팀원 마음: '뭘 하라는 거야?'

"팀장님이 지시하신 내용이 너무 모호해요. 정확히 무엇을 어떻게 해야 할지 모르겠어요. 물어보고 싶지만, 이미 설명을 들었는데 또 질문하면 무능해 보일까 봐 걱정돼요. 하지만 이대로 일을 시작하면 엉뚱한 결과물을 만들게 될 것 같아 불안해요."

팀장 마음: '업무 지시가 없던 시절이 그립다.'

"분명히 설명했다고 생각했는데, 왜 팀원들이 이해를 못 하는 걸까요? 내가 설명을 잘못한 걸까, 아니면 팀원들이 집중을 안 한 걸까요? 다시 설명하자니 시간도 부족하고 답답한데… 어떻게 하면 팀원들이 정확히 이해하도록 전달할 수 있을까요?"

소통 포인트

이 상황의 핵심은 **'명확한 의사소통'**입니다. 팀장은 되도록 명확한 지시를, 팀원은 적극적으로 질문하는 것이 중요합니다.

설명의 순간

팀원 마음: '왜 하라는 거야?'

"이 업무가 왜 중요한지 모르겠어요. 그냥 시키니까 하는 건데, 이게 전체 프로젝트에서 어떤 의미가 있는지 궁금해요. 내가 하는 일의 가치를 알고 싶어요. 이해된다면 더 열심히, 더 잘할 수 있을 것 같은데…."

팀장 마음: '맘에 안 들어서 대드는 것 같은데?'

"팀원들이 왜 이런 질문을 할까요? 그냥 하라는 대로 하면 되는데….

나한테 따지는 거 아닐까요? 잠깐! 이건 오히려 좋은 신호일 수도 있대요. 업무의 의미를 이해하고 싶어 하는 거니까요. 어떻게 하면 이 업무의 중요성과 전체 그림을 잘 설명할 수 있을까요?"

이 상황의 핵심은 '**의미 있는 업무**'입니다. 팀원들은 자신이 하는 일의 가치와 중요성을 이해했을 때 더 큰 동기를 끌어냅니다.

갈등의 순간

팀원 마음: '말이 안 통해.'

"동료와 의견 차이가 너무 커요. 내 의견을 전혀 이해하지 못하는 것 같고, 나도 동료의 입장을 이해하기 어려워요. 이대로는 프로젝트를 진행하기 힘들 것 같아요. 팀장님이 중재해 주셨으면 좋겠어요."

팀장 마음: '갈등은 없는 게 좋을 것 같은데.'

"팀 내 갈등이 점점 심해지는 것 같아 걱정이에요. 양쪽 다 나름의 이유가 있는 것 같은데, 어떻게 하면 이 상황을 긍정적으로 해결할 수 있을까요? 갈등을 잘 관리하면 오히려 팀에 도움이 된다고 하는데, 마음이 어지럽습니다."

이 상황의 핵심은 '**건설적 갈등 관리**'입니다. 갈등 자체는 나쁜 것이 아니며, 잘 관리된다면 오히려 팀의 창의성과 문제 해결 능력을 높일 수 있습니다.

불만의 순간

팀원 마음: '인정받고 싶어요.'

"열심히 일했는데 아무도 알아주지 않는 것 같아요. 내 노력과 성과를 팀장님이 알아봐 주셨으면 좋겠어요. 인정받지 못하면 일할 의욕이 떨어지고, 내가 이 팀에 정말 필요한 사람인지 의문이 들어요."

팀장 마음: '볼멘소리 상대하기가 힘겹다.'

"팀원들이 열심히 일하는 건 알지만, 어떻게 하면 그들의 노력을 제대로 인정해 줄 수 있을까요? 너무 자주 칭찬하면 의미가 퇴색될까 봐 걱정되고, 그렇다고 안 하자니 팀원들이 소외감을 느낄 것 같아요. 적절한 인정과 보상의 방법을 찾고 싶어요."

소통 포인트

이 상황의 핵심은 '**인정과 동기부여**'입니다. 적절한 인정은 팀원들의 사기를 높이고 더 나은 성과로 이어지게 하는 강력한 도구입니다.

협업의 순간

팀원 마음: '함께 풀고 싶어요.'

"이 문제를 혼자 해결하기에는 너무 벅차요. 팀원들과 함께 고민하고 해결책을 찾고 싶어요. 하지만 도움을 요청하면 내 능력이 부족해 보일까 봐 걱정돼요."

팀장 마음: '나의 직원은 조직에 헌신하고 있나?'

"팀원들이 서로 협력해서 문제를 해결했으면 좋겠어요. 하지만 어떻게 하면 팀원들이 자발적으로 협업하도록 이끌 수 있을까요? 협업의 분위기를 어떻게 만들어갈 수 있을까요?"

이 상황의 핵심은 **'협업 문화 조성'**입니다. 누가 뭐라고 하지 않아도 팀원들 스스로 도우며 함께 문제를 해결할 때 더 나은 결과를 얻을 수 있습니다.

성장의 순간

팀원 마음: '미래가 궁금해요.'

"현재 업무에 만족하지만, 앞으로 잘 성장할 수 있을지 걱정돼요. 신기술을 배우고 더 큰 책임을 맡고 싶어요. 하지만 어떻게 시작해야 할지 모르겠어요."

팀장 마음: '어떻게 성장으로 이끌까?'

"팀원들이 성장할 수 있도록 어떻게 도와줄 수 있을까? 각자의 강점을 살리면서 새로운 기회를 제공하고 싶어요. 하지만 현재 업무에 지장이 가지 않으면서 어떻게 성장 기회를 만들어낼 수 있을까요?"

이 상황의 핵심은 **'성장 기회 제공'**입니다. 팀의 성장과 잘 정렬된 개인 성장을 촉진하도록 이끌어야 합니다.

동기부여의 순간

팀원 마음: '힘이 빠져 있어요.'

"최근 업무가 너무 힘들어요. 일 양도 많고, 스트레스도 쌓이고… 하지만 이런 얘기를 팀장님께 하면 열의 없어 보일까 봐 걱정돼요."

팀장 마음: '힘을 넣어줄 수는 없지만….'

"팀 전체가 지쳐 보여요. 모두가 열심히 일하고 있지만, 사기가 떨어진 것 같아 걱정됩니다. 어떻게 하면 팀원들에게 새로운 활력을 불어넣을 수 있을까요?"

소통 포인트

현재 상황에 대해 **진솔하고 개방적으로 소통**하는 게 우선입니다. 아울러 동기부여가 되는 업무 환경을 조성하기 위해 팀장과 팀원 모두 노력해야 합니다.

가벼운 대화의 순간

팀원 마음: '편한 대화가 필요해요.'

"팀장님과 편하게 대화하고 싶어요. 업무 외적 이야기도 나누고 싶지만, 어떻게 시작해야 할지 모르겠어요. 팀장님이 먼저 다가와 주시면 좋겠어요."

팀장 마음: '그래, 업무 얘기만 할 순 없지.'

"팀원들과 좀 더 가까워지고 싶어요. 하지만 너무 친밀해지면 업무 관계에 문제가 생길까 봐 걱정돼요. 어떻게 하면 적절한 거리를 유지하면서도 편안한 관계를 만들 수 있을까요?"

이 상황의 핵심은 **'편안한 소통 환경 조성'**입니다. 친밀감과 원칙 사이에서 우리 조직의 '심리적 안전감' 상태를 점검하고 구축해야 합니다.

"뭘 하라는 거야?"
업무 지시가 필요 없던
시절이 그리워

팀장이 되기 전을 떠올려 보세요. 그때 당신은 아마 자신감 넘치는 에이스였을 겁니다. 팀장님의 지시를 받고 일하던 그 시절, 지금은 어떻게 기억되나요? 현재 당신이 팀장이 된 이유는 과거에 지시받은 일을 능숙하게 해냈기 때문일 겁니다.

하지만 지금은 어떤가요? 출근하자마자 업무가 밀려듭니다. 혼자 할 수 있는 일이라면 좋겠지만, 대부분 팀원들과 나눠서 해야 합니다. 그런데 이상한 점을 느끼지 않나요? 당신이 팀원이었을 때는 팀장님 말씀을 바로 알아들었는데, 왜 지금 당신의 팀원들은 당신의 지시를 제대로 이해하지 못할까요?

　한때 일 잘하는 에이스였던 사람이 이제는 일 못하는 팀장이 된 것 같은 느낌, 왜 그럴까요? 이는 단순히 당신의 능력이 떨어져서가 아닙니다. 팀원에서 팀장으로 역할이 바뀌면서 필요한 스킬과 관점이 크게 달라졌기 때문입니다.

왜 지시에
거부부터 할까요?

　당신이 팀원에게 업무를 공유하고 배분할 때, 어떤 대화를 주고받을까요? 예시를 들어보겠습니다. (팀원이 4명 있는 팀입니다.)

　팀장: 우리 팀에 새 프로젝트가 배정됐어요. ○○○ 기획안을 만들어야 하는데, 전체 상황을 공유할게요. 전체 일정은 열흘입니다. 7일 안에 보고서를 완료해야 해요. 8~9일 차에 경영진에게 결재를 받아 유관 부서에 전달할 예정이에요.

　팀원: (침묵…) (뭘 어쩌라는 건지 좀 더 들어보자.)

　팀장: 업무를 네 가지로 나눴어요. A 님은 1번과 2번, B 님은 3번, C 님과 D 님은 4번을 맡아주세요. 지난번 프로젝트와 비슷해서 어렵지 않을 거예요. 질문 있나요?

　팀원 D: 팀장님, 이건 지난번과 완전 달라 보이는데요? 그리고 이런 기획안은 원래 △△전략팀 일 아닌가요? 어쨌거나 저는 다른 프로젝트 업무가 있어서 7일 안에 끝내기 어려울 것 같아요.

팀장: 상황은 알지만, 매일 같은 일만 할 순 없잖아요. 필요한 일이니까 진행하는 거예요. C 님과 함께 하시라고 한 거고요.

팀원 A: 팀장님, 1번과 2번을 혼자 하는 게 맞나요?

팀장: A 님이 예전에도 그 정도는 했잖아요. 음… 그럼 제가 2번 맡을 게요. 이렇게 하면 되겠죠?

팀원: (뭐가 된다는 거야?)

위 대화에서 당신의 현재 모습이 아른거린다면, 아마도 다음과 같은 이유일 것입니다.

첫째, 업무 배분 전에 사전 상황 파악이 부족했을 가능성이 있습니다.

위의 대화에서 팀원 D가 하는 주장을 다시 봅시다. D 사원이 언급한 "원래 △△전략팀에서 하던 일"이라는 말은 단순한 불평이 아니라, 우리 팀의 전문성과 맞지 않는 업무라는 중요한 신호일 수 있습니다. 만약 이를 단순히 일을 하기 싫어하는 태도로 해석했다면, 이제라도 생각을 바꿔야 합니다.

새로운 업무가 팀의 역할과 주된 업무와 다르다면, 팀원들에게 공유하기 전에 더 세밀한 파악이 필요합니다. 예를 들어, 팀 내에 유사한 경험이 있는 사람을 찾아 개별적으로 이야기를 나누거나, 다른 팀의 조언을 구하는 것도 좋은 방법입니다. 다음과 같이 말하는 게 바람직합니다.

"△△전략팀장님과 얘기 나눴고, 관련 자료도 받아볼 거예요."

"C 님이 인턴 때 비슷한 일 해본 경험이 있어서 함께 하라고 했어요. 도움 될 것 같은데요?"

이렇게 팀 전체의 업무 유사도를 항상 파악하고 있어야 합니다. 팀원이 언급했을 때 그제야 알게 된다면 곤란하죠. 이런 일이 계속되면 팀원들은 '팀장님은 이 일을 제대로 알고 지시하는 걸까?' 하고 의심하게 됩니다.

둘째, 업무 배분의 공정성에 대해 더 깊이 고민해야 합니다.

'3요'를 넘어 '5요'의 시대라고 하죠. "이걸요? 제가요? 왜요? 지금요? 쟤는요?" 이런 질문이 팀장에겐 부담스럽겠지만, 팀원들에겐 당연한 의문입니다. 요즘 직원들은 동료 사이의 공정성과 형평성을 중요하게 생각합니다. 이는 최근의 현상이 아니라 오래전부터 있어온 이슈입니다. 단지 표현 방식과 발언의 적극성이 달라졌을 뿐입니다.

업무 배분 후 팀원들이 바로 이해하지 못한다면, 공정하지 않았는지 고민해 봐야 합니다. 이럴 땐 팀원의 의견을 듣고, 빨리 조정해 주는 게 좋아요. 조정이 어렵다면 그 이유를 명확히 설명해야 합니다.

"의견 잘 알겠습니다. 제가 놓친 부분이 있었네요. 다시 검토해 보겠습니다." "업무량을 검토하지 않은 건 아닙니다. 지금은 매우 중요한 시기이고, 다른 팀원들도 여러 일을 하고 있어요. 다음 프로젝트 시작할 때 다시 나눠볼 게요."

셋째, '나 혼자 독박 쓰네' 하는 느낌을 최대한 줄여줘야 합니다.

업무를 한 명에게 전적으로 맡겼을 때 '우리 팀장님이 내 능력을 알아주시네!' 하고 생각하는 사람은 못 본 것 같습니다. 대부분 '이걸 나더러 어떻게 혼자 하라고?' 하는 생각부터 하죠. 팀장이 '이 정도는 지난번에 했으니까 이번에도 할 수 있겠지' 하고 생각한 거라면 큰 오산입니다. 나 홀로 고군분투한 팀원의 노고를 잊어버린 채 다시 비슷한 지시를 하는 꼴입니다. 팀원 처지에서는 지난번 고생한 게 생생한데 이번에도 같은 상황이 벌어진 셈입니다. 반발이 나오기 쉬운 상태입니다.

"지난번 기획안 때 혼자 고생한 거 알아요. 그때 A 님이 일 처리를 잘 해주셔서 이번에도 맡겼어요. 진행하면서 자주 내용 공유해요. 저도 상무님께 방향성을 체크하면서 주요 내용을 알려드릴게요."

이렇게 혼자 일한다는 느낌을 호소하는 팀원의 감정을 살피고 대안을 마련하는 게 팀장의 중요한 역할입니다.

마지막, 팀장이 직접 업무를 맡는 것이 최선이 아닐 수 있습니다.

"2번은 제가 맡을게요"라는 말은 팀원의 부담을 덜어주려는 좋은 뜻에서 나온 거겠지만, 장기적으로는 여러 문제를 일으킬 수 있습니다. 팀장도 팀원과 같은 일을 하느라 바쁘다면, 누가 팀원들의 일을 검토하고 피드백을 줄 수 있을까요?

팀장이 팀원과 동일한 업무를 하게 되면, 팀원은 팀장의 역할과 존재 이유에 대해 의문을 가질 수 있습니다. 리더는 수행자보다는 지원자나 파트너 역할을 맡는 편이 낫습니다.

"2번까지 맡기 어렵다고 느낄 수 있어요. 옆 팀에서 3년 전에 비슷한 일을 한 적이 있어서 참고할 만한 내용이 있는지 물어볼게요."

업무량 조정이 필요하다면 1, 2차로 나누어 진행하거나, 상위 관리자와 상의해 업무 범위를 조정하는 등의 방법을 고려해 볼 수 있습니다. 실무감을 유지하고 싶다면, 팀원들의 업무에 대해 구체적 조언과 피드백을 제공하는 방식으로 참여할 수 있습니다.

존중과 배려로
통하는 업무 지시

업무 지시를 잘하는 방법은 무엇일까요? 방법은 많습니다. 방법은 다양하지만, 이제는 "시키는 대로 해!"라는 식의 일방적 명령은 통하지 않습니다. 팀원들이 내 뜻대로 움직이지 않는다고 해서 욱하는 것은 좋지 않겠죠. 강제하지 않고 화내지 않고도 잘 지시할 수 있는, 저연차 팀장 시기에 요긴하게 쓸 수 있는 몇 가지 팁을 소개합니다.

업무 배분 회의 전 프로젝트 개요서를 미리 공유해 보세요.

세종대왕은 대신들과 회의하기 전 30분 동안 의제와 관련된 고전을 함께 읽는 시간을 가졌다고 해요. 신하들과 자연스럽게 소통하는 좋은 리더였겠죠? 우리도 보통 다른 부서나 고객과 미팅할 때는 회의 안건을 준비하고 사전에 이야기를 나누곤 합니다. 그런데 정작 가장 많은 시간을 함께 보내는 팀원들에게는 그러지 않는 경우가 많아요. '말로만 해도 알겠지'

하는 무의식적 기대나 안일함 때문이죠.

물론 메모장이나 다이어리에 적어두고 회의 때 얘기하면 될 것 같지만, 팀원들 처지에서는 업무 내용을 당일에 처음 듣는 것보다 미리 알고 있는 게 훨씬 덜 부담스럽습니다. 가장 가까이 있는 사람일수록 더 존중해 줘야 해요. 존중은 꼭 겸손한 태도나 존댓말로만 표현하는 게 아닙니다. 새로운 업무에 대해 사전에 정보를 공유하는 것만으로도 '투명하게 소통하는 팀장'이라는 좋은 인상을 줄 수 있어요. 게다가 준비성 있는 팀장의 모습을 보며 팀원들도 자연스럽게 배울 수 있겠죠.

그렇다면 개요서는 어떻게 쓸까요? 앞서 말씀드린 내용을 바탕으로 개요서를 만들면 꽤 많은 항목이 나올 수 있습니다. 하지만 너무 자세하거나 장황하게 쓸 필요는 없어요. 팀원들과 함께 꼭 알아두고 이야기 나누면 좋겠다고 생각되는 항목 위주로 작성하면 됩니다.

〈머리부터 발끝까지 어려나민C〉 프로젝트 업무 개요서	
프로젝트	머리부터 발끝까지 프로젝트 기획안 수립
업무 기간	2025.07.01~2025.07.12
팀 취합 시점	2025.07.09
1차 보고 시점 (담당님)	2025.07.10
최종 보고 시점 (대표님)	2025.07.12
R&R (Draft, 협의 후 최종 결정)	총 네 가지 업무가 있습니다 1번, 2번 : A 대리님 3번 : B 사원님 4번 : C 사원님, D 사원님

참고자료	우리팀 문서 서랍〉랄랄라팀 프로젝트 최종보고.pptx 및 다수
핵심 유관 부서 및 담당자	랄랄라팀, E 과장님 / F 차장님
예상 성과	• 예전에 보류된 머리부터 발끝까지 프로젝트의 부활 • 부서 전체 유의미한 신규 업무 추가 창출 가능!

업무 개요서 예시

예상되는 시나리오를 먼저 준비하세요.

팀원들의 반응을 예측할 수 있다면 업무 지시가 한결 수월해질 거예요. 이를 위해서는 팀원 개개인의 성향을 파악하는 노력이 필요합니다. 평소 팀원들의 업무 능력, 선호하는 업무 방식, 그리고 그들의 기분을 좋게 하거나 나쁘게 하는 요인들을 관찰해 보세요.

예를 들어, 'A 사원은 지난 ABC 프로젝트에서 열정적으로 일했으니, 이번에 3번 업무를 B 대리와 함께 맡기면 좋겠어. 다만 B 대리는 경험이 부족해서 질문이 있을 테니 미리 준비해야겠다.' 이런 식으로 생각하면 업무 분장이 훨씬 수월해집니다.

이런 예측에 익숙해지면 팀원들과 소통이 점점 더 부드러워질 거예요. 예상이 빗나가도 괜찮습니다. 그 경험을 바탕으로 다음에 더 잘할 수 있으니까요. 이렇게 팀원들을 이해하려 노력하면, 여러분이 그들을 잘 알고 있다는 인식을 심어줄 수 있습니다. 그러면 팀원들도 여러분의 지시에 쉽게 반발하지 않을 겁니다. 시간이 지나면 새로운 팀원과도 자연스럽게 좋은 관계를 맺을 수 있을 겁니다.

때로는 팀원들에게 역제안을 받아보세요.

업무 분배가 어려울 때, 팀원들에게 의견을 물어보는 것도 좋은 방법이 될 수 있습니다. 먼저 전체 업무를 설명하고, 팀 전체가 함께 해야 할 일임을 강조하세요. 그리고 이렇게 물어보세요. "여기 쉬운 일은 하나도 없어 보이네요. 업무를 나눠야 하는데, 여러분이 생각하기에 제가 맡으면 좋을 일이 있을까요? 하나만 골라주세요."

당신도 팀원 시절에 경험한 적이 없는 상황일 수 있습니다. 팀장 대부분은 이렇게 하지 않으니까요. 이 질문은 팀원들에게 저자세로 임하라는 게 아닙니다. 이런 질문은 여러분에게는 팀원들의 생각을 이해할 기회를 줍니다. 또한 업무 분배에 대한 불만을 줄일 수 있는 좋은 방법이기도 해요. 하지만 너무 자주 사용하면 진정성이 떨어질 수 있으니 적절히 활용해야 합니다.

당신이 팀원이었을 때 '업무 잘 지시하기' 같은 노하우나 꿀팁을 알았다면 지금쯤 이 글을 읽을 필요가 없을 겁니다. 완벽한 업무 지시 방법은 안타깝지만 없습니다. 하지만 원활한 소통과 합의를 이끌어내는 노하우를 익혀가면 됩니다. 이런 노력이 쌓이면, 리더의 여정을 즐기면서, 조금씩 발전해 나가는 자신을 발견하게 될 겁니다.

"왜 하라는 거야?"
맘에 안 들어 대드나

팀원이 "이거 왜 하는 거예요?"라고 물어온다면, 대체로 좋은 신호입니다. 이런 질문은 팀원이 단순히 지시를 따르는 것을 넘어 긍정적 의도를 담고 있을 가능성이 높습니다. 다소 도발적으로 들리는 질문이 있겠지만 질문 자체는 매우 소중하다고 말할 수 있습니다. 이렇게 이해하는 이유는 다음과 같습니다.

우선 이해 없이 일하는 것보다는 이유를 알고 하는 편이 훨씬 효율적이기 때문입니다. 업무의 목적과 의미를 이해한 팀원은 더 창의적이고 주도적으로 일할 수 있습니다. 심지어 부정적 의도로 물어봤다 해도 현 상황을 파악할 수 있다는 점에서 유익합니다. 이는 팀장에게 팀의 분위기나 업무 진행 상황을 재점검할 기회를 제공합니다. 이런 의미에서 "왜 하는 건가요?"라는 질문은 오히려 축하받을 만한 일이죠. 이는 팀원이 단순한 실행자가 아닌, 자발적으로 생각하는 조직원으로 성장하고 있다는 증거이기 때문입니다.

다음으로 이런 질문은 지금 업무가 일상적인 것이 아닐 가능성이 높다는 뜻입니다. 새로운 도전이나 혁신적 시도일 수 있어요. 조직이 발전하고 있다는 신호일 수 있습니다. 물론 새로운 것에 대한 두려움이나 불편함 때문에 저항하는 경우도 있겠지만요. 이런 경우에도 팀장은 이를 긍정적인 기회로 삼아, 팀원에게 변화의 필요성과 새로운 시도의 가치를 설명하는 계기로 삼아보길 바랍니다.

팀장의 첫 번째 대응:
긍정적으로 받아들이기

팀장으로서 이런 질문을 받았다면, 먼저 그 의도를 정확히 파악하는 것이 중요합니다. 질문의 톤, 상황, 그리고 해당 팀원의 평소 성향 등을 종합적으로 고려해야 합니다.

긍정적 맥락으로, 좀 더 이해하고 싶어서 묻는 경우에는 다음과 같이 질문합니다.

- "왜 해야 하는 거죠? 더 좋은 방법이 있는지 알고 싶어요."

• "왜 해야 하는 거죠? 이 프로젝트의 목표가 무엇인지 알고 싶어요."

이런 질문은 일을 잘하고 싶은 마음에서 나온 것입니다. 팀원이 업무의 본질을 이해하고, 더 나은 방법을 찾고자 하는 적극성을 보여주는 것이죠. 팀장 처지에서는 조금 답답할 수 있지만, 오히려 팀원이 올바른 방향으로 나아갈 수 있게 하는 좋은 기회입니다. 이런 질문에 대해서 상세하고 명확한 설명을 제공하며, 팀원의 의견도 경청하는 자세가 필요합니다.

팀원이 단순히 더 잘 이해하고 싶어서 물어본 건데, 이를 부정적으로 받아들이면 소통에 문제가 생길 수 있습니다. 예를 들어, 도움을 요청하는 질문에 '그것도 모르냐'는 식으로 대응하면, 팀원은 앞으로 질문하기를 꺼릴 겁니다. 뒤에서 다룰 심리적 안전감에 해당하는 일입니다. 이는 장기적으로 팀의 소통을 저해하고, 업무 효율성을 떨어뜨릴 수 있습니다.

새 프로젝트에 대해 충분히 설명했다고 생각했는데도 "왜 하는 거죠?"라는 질문을 받았다면 어떻게 해야 할까요? 우선 자신의 설명이 부족했을 수 있다는 가능성을 열어두고, 팀원의 이해도를 높이기 위해 어떤 추가 설명이 필요한지 고민해 봐야 합니다.

팀장의 두 번째 대응:
부정적 맥락 이해하기

부정적 맥락으로 이해하기: 반발하거나 의심하는 경우
• "왜 해야 하는 거죠? 이 작업이 정말 필요한가요?"

• "왜 해야 하는 거죠? 이 방법밖에 없는 건가요?"

이와 같은 질문을 받았다면 우선 침착하게 대응해야 합니다. 즉각적 반박이나 감정적 대응은 상황을 악화시킬 수 있습니다. 그리고 이런 의문이 생긴 이유를 진지하게 고민해 보세요. 업무 우선순위가 불분명한 탓인지, 팀원과의 관계에서 비롯된 문제인지, 아니면 회사 정책에 대한 불만인지 등을 차근차근 생각해야 합니다. 때로는 프로젝트의 약점을 지적하는 것일 수도 있으므로, 팀원의 질문은 단순한 의문 제기가 아니라, 더 나은 결과를 위한 소중한 기회로 봐야 합니다.

다음은 떡볶이 신메뉴 프로젝트 상황입니다.

떡볶이 신메뉴 프로젝트:
"왜 하는 건가요?"에 대한 대응

팀원으로부터 "이 떡볶이 신메뉴 프로젝트, 왜 하는 건가요?"라는 질문을 받았습니다. 우선 팀장은 그 의도를 정확히 파악하는 것이 중요합니다. 이 질문이 긍정적 맥락에서 나온 것인지, 아니면 부정적 맥락에서 나온 것인지 구분해 봅시다.

긍정 맥락의 질문인 경우

팀원은 프로젝트의 목표와 의의를 더 깊이 이해하고 싶어 하는 것입니다. 이는 매우 바람직한 태도로, 팀장은 이를 환영하고 상세한 설명을 제공해야 합니다.

"현재의 떡볶이 메뉴로는 변화된 소비자 니즈를 충족시킬 수 없다는 결과가 매출과 소비자 조사로 확인되었습니다. 이번 신메뉴 프로젝트는 시장에서 우리 브랜드의 입지를 강화하고, 다양한 고객층을 확보하기 위한 전략적 의미가 있습니다. 우선 깔끔한 매운맛을 기본으로 매운 강도를 3단계로 구분해 선택의 폭을 넓힐 계획입니다. 이를 통해 새로운 고객을 유치하고, 기존 고객의 만족도를 높이는 것이 우리의 전략 목표입니다."

이어서 각 팀원의 역할과 중요성을 강조하는 것이 좋습니다. "A프로는 매운맛의 다양성과 주요 식자재에 대해 우리 팀에서 가장 높은 수준의 지식과 역량을 가지고 있습니다. 이번 떡볶이 개선 프로젝트에서 A 프로의 역할이 매우 중요합니다." 장점과 경험을 인정하는 설명은 프로젝트 이해도를 높일 뿐만 아니라 팀원의 동기를 유발하는 데에 효과적입니다.

물론 계속되는 설명에 팀장은 짜증이 날 수도 있습니다. 그렇다고 "직전 미팅에서 설명했는데 아직도 못 알아들었나요?"와 같은 반응은 절대 피해야 합니다. 이는 팀원과 관계를 손상시키고 향후 소통을 어렵게 만들 수 있습니다.

부정 맥락의 질문인 경우

팀원이 해당 업무의 필요성에 의구심을 갖고 부정적 태도로 이유를 묻는 상황입니다. 또한 왜 하필 지금인지, 왜 매운맛은 3단계 개발인지와 같이 내용에 불만을 갖는 경우도 해당합니다.

모든 일에는 우선순위와 최적의 타이밍이 존재합니다. 초기에는 구성원 모두가 동의할 수 없는 경우가 많습니다. 이럴 때 팀장은 이 일이 왜 현재 최우선 순위인지를 설명해야 합니다. 그리고 기한을 분명히 함으로써 일의 몰입과 시간 배분을 적절하게 조절할 수 있습니다. 또한 내용상의 문제 제기는 소비자 조사의 결과를 공유하거나 관련 근거를 제시함으로써 이해를 구하는 것이 필요할 것입니다.

"이 프로젝트가 왜 지금 우리의 최우선 순위인지 설명하겠습니다. 최근 6개월간의 매출 데이터를 보면, 우리의 주력 상품인 떡볶이의 판매량이 20% 감소했습니다. 고객 피드백을 분석한 결과, 다양한 매운맛 옵션에 대한 요구가 높았습니다. 경쟁사들도 이미 다양한 매운맛 옵션을 도입하고 있어, 우리가 빠르게 대응하지 않으면 시장점유율을 더 잃을 수 있습니다."

"3단계 매운맛 개발의 근거는 최근 실시한 소비자 조사 결과에 있습니다. 응답자의 70%가 매운맛의 선택 폭이 넓어지길 원했고, 그중 대다수가 3단계 정도의 구분이 적당하다고 답했습니다. 이 데이터를 팀원 여러분과 공유하고 싶습니다."

목표를 향해 새로운 시도를 하려는 단장과 기존 방식을 고수하려는 스카우터 사이에 벌어지는 조금 더 도전이고 어려운 상황을 영화의 한 장면으로 소개합니다. 바로 영화 〈머니볼〉입니다.

단장: 여러분, 우린 단지 대체 선수를 찾는 것이 아닙니다. 이건 새로운 방법에 대한 전환입니다. 새로운 사고방식으로 전환해야 합니다… 문제

는 우리가 어떻게 그들(방출된 선수들)을 대체할 것이냐입니다.

(저항 - 기존 방식으로도 충분하다.)

스카우터 1: 단장, 우린 선수들의 타율과 홈런, 타점으로 평가해야 합니다.

단장: 아니요, 아닙니다. 이건 우리가 예전부터 해오던 방식입니다. 하지만 우린 예전과 다른 결과를 원해요. 새로운 접근 방식이 필요합니다.

스카우터 2: 단장, 그럼 우리가 뭘 봐야 한다는 겁니까?

(새로운 방향성의 근거 제시)

단장: 우리는 선수를 개별적 숫자로 봐야 합니다. 우리는 선수의 전체 가치를 봐야 합니다. 이건 단지 홈런이나 타율이 아니에요. 선수의 진짜 가치를 파악하는 것입니다. 팀원 피터가 우리의 새로운 시도를 설명해 줄 겁니다.

(팀내 방향성을 이해하고 있는 조력자가 필요한 이유)

피터: 우리는 기존의 야구 통계 분석을 넘어서야 합니다. 우리는 새로운 지표를 사용해서 선수의 가치를 평가해야 합니다. 선수의 출루율이 그 예입니다. 출루율은 팀의 득점 가능성을 높이는 데 중요한 지표입니다.

단장: 맞아요. 우리가 새로운 지표로 팀을 구성한다면, 우리는 훨씬 적은 비용으로 더 많은 승리를 거둘 수 있을 겁니다. 이렇게 하지 않는다면, 우리는 그냥 같은 방식으로 계속해서 실패할 것입니다.

(과거에 집착하는 사고, 새로움의 거부)

스카우터 3: 단장, 이건 위험합니다. 당신은 전통적인 스카우팅을 무시하고 있어요.

단장: 네, 정확히 그렇습니다. 우리는 새로운 방법으로 이길 겁니다. 전통적 지혜에 반하는 방법으로, 통계 모델을 사용해서요. 모든 것을 하나의 숫자로 정리하는 것입니다. 우리가 통계를 읽는 방식을 사용해서, 다른 사람들이 보지 못하는 선수의 가치를 찾아낼 겁니다.

스카우터 3: 단장, 당신은 스카우터들이 100년 동안 해온 일을 무시하고 있어요.

단장: 적응하든지 망하든지입니다. 우리는 이 방향으로 나갑니다. 우리가 여기서 양키스처럼 하려고 하면, 저기 밖에서 양키스에게 질 겁니다.

기존 방식으로는 떠나간 선수를 대체할 수 없음을 알게 된 단장은 '왜 새로운 방식이 필요한가'를 스카우터에게 열심히 설명합니다. 그러나 그들은 저항하면서 그의 뜻을 따르려 하지 않습니다.

이 장면을 통해 '무엇 때문에, 왜 하는지'에 대한 질문에 대응하는 소통 솔루션을 찾아보려고 합니다. 업무 지시, 특히 새로운 프로젝트를 할 때 반기지 않는 일은 다반사입니다. 저항하지 않으면 다행이랄까? 팀장이 집중해야 할 점은 저항을 그저 반대로만 생각하지 말고 오히려 '왜 이 일을 하는가?'를 가장 잘 설명하고 설득할 수 있는 시간과 타이밍으로 여겨야 한다는 점입니다. 그리고 어려운 프로젝트를 시작할 때는 분명한 우군을 미리 만들어놓는 것이 피터의 사례처럼 큰 도움이 됩니다. 한 명의 우군을 미리 확보할 것을 추천드립니다. 떡볶이 신메뉴 프로젝트 사례에서도 마찬가지입니다. 이러한 상황에 처한다면 더욱 적극적으로 소통하고 팀원의 의견을 경청함과 동시에 팀장, 자신이 말한 것을 행동으로 옮기는 것이 중요합니다. 때로는 실패하거나 실수할 때가 있겠지만 그럴 때마다 팀원을 더욱 지지하고 격려한다면 원팀(one-team)으로 분명히 좋은 성과를 낼 수 있으리라 생각합니다.

소통하기가 벅찬 이 시대에 팀원의 질문을 긍정과 부정의 맥락으로 한 번 구분해서 생각해 보면 어떨까요? 당신이 긍정적이라면 팀원은 적극성을 보이며 경청하는 자세로 소통이 가능합니다. 그렇다고 당신에게 의문과 불만족스러운 모습이 나온다 해도 스스로 불편하게 생각지 말기 바랍니다. '프로젝트를 왜 하는가?'만 제대로 소통하게 된다면 충분히 긍정적 시그널로 이해할 수 있습니다.

당신 의지와 판단을 믿고 한 걸음 한 걸음 전진하는 팀장이 되시길 응원합니다.

"말이 안 통해."
갈등은 없는 게
좋지 않나

갈등은 우리 일상과 조직 생활에서 불가피한 부분입니다. 사람들 대부분은 갈등이라는 단어를 들으면 본능적으로 불편함을 느끼고, 마음이 무거워지며 답답해집니다. 리더라면 여러 번 경험해 본 감정일 것입니다.

우리는 일상적으로 조직 안에서 다양한 갈등 상황에 직면합니다. 팀원과 빚은 개인적 갈등, 서로 다른 팀 간의 이해관계 충돌 등 직접적으로 갈등을 겪기도 하고, 때로는 이미 발생한 갈등을 중재해야 하는 역할을 맡게되기도 합니다.

그렇다면 이런 갈등은 왜 발생하는 걸까요? 갈등이 심화되는 근본적

이유는 의외로 간단할 수 있습니다. 바로 서로가 진정으로 바라고 원하는 것을 숨기고 있기 때문입니다. 갈등의 이면을 자세히 들여다보면, 실제로 각자가 품고 있는 생각, 숨겨진 의도, 개인적 목적이 복잡하게 얽혀 있음을 발견할 수 있습니다. 따라서 표면적으로 드러나는 현상만 살피면 갈등이 해결될 수 있는 실마리를 찾기 어렵고, 오히려 상황이 더욱 악화될 수 있습니다.

여기서 한 가지 중요한 질문을 해봐야 합니다. 과연 갈등은 정말로 부정적이기만 하고 반드시 없애야만 하는 것일까요? 우리는 갈등을 어떻게 바라보고 인식하고 있을까요?

놀랍게도, 조직 내 갈등은 그 수준에 따라 성과에 부정적 영향을 줄 수도 있지만, 때로는 긍정적 영향을 미칠 수도 있습니다. 예를 들어, 갈등이 너무 없는 조직의 경우를 생각해 봅시다. 이런 조직은 겉으로 보기에 평화로워 보이지만, 실제로는 환경 변화에 둔감하거나 구성원의 업무 의욕이 저하되고 창의성이 떨어지는 결과로 이어질 수 있습니다. 일방적인 힘이 강해서 자기 목소리를 내지 않는 것일 수도 있죠. 겉으로는 순조롭게 돌아가는 것 같지만, 사실은 정체돼 있는 상황입니다.

반대로 너무 높은 수준의 갈등 역시 문제가 될 수 있습니다. 과도한 갈등은 조직의 목적의식을 흐리게 하거나 부서 간 이기주의를 낳아 전체적인 업무 효율성을 크게 떨어뜨릴 수 있습니다. 구성원 간의 신뢰가 무너지고, 협력 대신 경쟁만이 남은 조직은 결국 큰 어려움을 겪게 됩니다.

그러나 여기서 주목해야 할 점은 '적절한 수준의 갈등'입니다. 적당한 갈등은 오히려 조직에 활력을 불어넣을 수 있습니다. 이는 구성원들에게 목표를 향한 도전 의식을 불러일으키고, 혁신과 변화의 기회를 제공할 수 있습니다. 서로 다른 의견이 충돌하는 과정에서 새로운 아이디어가 탄생하기도 하고, 기존의 관행을 개선할 수 있는 계기가 마련되기도 합니다.

따라서 우리는 갈등을 단순히 부정적인 것으로만 바라볼 것이 아니라, 조직의 성장과 발전을 위한 하나의 도구로 인식할 필요가 있습니다.

팀장은 보호자가
아닙니다

조직 내 갈등은 주로 서로 다른 이해관계에서 비롯됩니다. 우리는 각자 고유한 배경, 경험, 그리고 현재 처한 상황이 다르기 때문에 서로 다른 기준과 관점을 가질 수밖에 없습니다. 이렇게 다양한 개인들이 자신의 목표를 추구하다 보면 자연스럽게 이해관계가 충돌하게 됩니다. 이는 피할 수 없는 현상이며, 오히려 건강한 조직문화의 일부라고 볼 수 있습니다. 그럼 이제 조직에서 흔히 볼 수 있는 갈등 상황의 예를 살펴보겠습니다.

세일즈팀의 A 팀장은 팀장 직책을 맡은 지 2년 됐지만, 최근 팀원들과 소통에 어려움을 겪고 있습니다. 회사는 사업 확장을 위해 A 팀장에게 주요 고객사를 직접 만나 인터뷰하고 소비자 동향을 파악해 보고하라고 요청했습니다. A 팀장이 이 프로젝트를 팀에 설명하고 올해 승진한 B 차장에게 업무를 배정하자, B 차장은 이 일이 왜 우리 팀 몫인지 모르겠다며

R&D팀에서 해야 할 일이라고 주장합니다. 하지만 R&D팀의 C 팀장에게 협조를 요청하자 C 팀장은 불쾌해하며 거절했습니다. 이 상황을 감지한 다른 팀들, 특히 전략기획팀은 A 팀장과 소통에 방어적 태도를 보입니다.

현재 회사의 세일즈 실적은 양호하지만, A 팀장은 시장 동향과 향후 2~3년을 고려했을 때 현재 상품만으로는 팀 성과에 한계가 있다고 판단합니다. 신규 사업 테스트의 필요성은 이해하지만, 팀원들을 설득하기가 쉽지 않습니다. 더군다나 B 차장이 최근 A 팀장에 대해 불만을 품은 것 같습니다. 직접적으로 표현하지는 않지만, 업무 지시를 잘 따르지 않고 피드백에 예민하게 반응합니다. B 차장은 업무 처리가 빠르고 팀 내 인기도 좋아서, A 팀장은 자신의 리더십이 약화될까 우려해 B 차장과 갈등을 피하고 있습니다.

이러한 상황은 특히 2~3년 차 팀장들에게 흔히 나타납니다. 처음 팀장이 되면 자신의 역할이 팀을 보호하고 지키는 것이라고 오해하기 쉽습니다. 실제로 팀원들은 팀장이 아무 일이나 받아오지 않고, 자신들을 보호하며 갑작스러운 업무를 막아주기를 바랍니다. 그 결과, 팀장은 팀원들의 감정을 상하게 할까 봐 직접적 피드백이나 충돌을 피하고, 다른 팀과 소통할 때도 팀에 불이익이 올까 봐 방어적 태도를 취하게 됩니다. 회사의 요구사항을 이해하면서도 팀원들을 설득하는 데 어려움을 겪습니다.

그러나 팀장의 역할은 팀원들을 보호하거나 단순히 좋은 사람이 되는 것이 아닙니다. 팀장은 조직의 목표를 달성하기 위해 구성원들을 이끌어 성과를 창출하는 것이 주된 임무입니다. 때로는 팀원들로부터 불만을 들을 수 있지만, 이것이 리더십의 실패나 자격의 상실을 의미하지는 않습니다. 오히려 건설적 피드백과 갈등은 팀의 성장과 발전에 필수적 요소라는 점을 기억해야 합니다.

갈등을 유발하는
감정 관리

조직 내 갈등의 근원은 대부분 부정적 감정에서 시작됩니다. 우리 모두는 직장 생활 속에서 다양한 심리적 스트레스를 경험합니다. 특히 팀장 역할을 처음 맡게 되면, '내가 잘할 수 있을까?' '리더십에 실패할까?' '팀원들의 감정을 상하게 할까?' '내 평판이 나빠질까?' 같은 걱정으로 가득 찹니다. 이는 좋은 팀장이 되고자 하는 열망과 빠른 성과 창출에 대한 압박감이 뒤섞인 결과입니다.

이러한 불안한 감정은 우리의 객관적 판단을 흐리게 하고, 상황을 합리화하는 등의 방어기제를 작동시킵니다. 방어기제는 우리를 보호하려는 의도로 작동하지만, 동시에 우리의 성장과 도전을 가로막는 장애물이 되기도 하죠.

그러나 감정은 단순히 억누르거나 관리해야 할 대상이 아닙니다. 오히려 우리 감정을 깊이 들여다보면, 우리가 진정으로 원하는 것이 무엇인지 발견할 수 있습니다. 예를 들어, 팀 리더로서 프로젝트 진행과 권한을 위임해야 하는 상황에서 자꾸 직접 나서서 일을 처리하게 되는 경우를 생각해 봅시다. 이는 팀원들에게 일을 맡겼을 때 결과가 부족해 보이고, 그것이 자신의 리더십에 대한 부정적 평가로 이어질 것을 두려워하기 때문입니다.

하지만 이러한 불안과 두려움의 이면에는 '팀장으로서 잘 해내고 싶은 진심'이 숨어 있습니다. 사실 우리는 팀원들이 일을 완벽하게 해내어 좋은 평가를 받게 하고, 팀원들의 성과를 잘 이끌어내는 뛰어난 팀장이 되고 싶은 것입니다. 다만 불안함과 두려움이 커지다 보니 의도와는 반대로 마이크로 매니징을 하게 되는 것이죠.

사실 조직 내 다른 구성원도 대부분 비슷한 스트레스를 겪고 있습니다. 따라서 나를 괴롭히는 상대방 행동의 속마음을 살펴보면 누구나 긍정적 의도를 가지고 있다는 것을 알 수 있습니다. 모두가 맡은 일을 잘 해내어 성과를 내고 인정받고 싶어 합니다. 다만 이러한 마음이 지나치다 보니, 서로 협력하기보다는 견제하고 각자의 이익을 우선하게 되는 것입니다.

따라서 조직 내 갈등을 효과적으로 관리하기 위해서는 먼저 자신의 감정 상태를 잘 살펴보아야 합니다. 갈등 속에는 서로 잘되고자 하는 선한 의도가 있다는 믿음을 바탕으로, 내 감정 속에서 진정으로 바라는 것이 무엇인지 인지하고, 상대방의 진짜 의도가 무엇인지 파악해 보는 것이 중요합니다. 이를 위해 갈등이 발생했을 때 계속해서 서로의 입장만 고수하는 것이 아니라, 한발 물러서서 상황을 객관적으로 바라보는 것이 필요합니다.

특히 자신의 감정을 잘 인식할 수 있어야 다른 사람의 감정도 이해할 수 있기 때문에, 위기나 극도의 스트레스 상황에서 자신이 어떤 생각과 행동을 하는지 알아차리는 것이 중요합니다. 만약 현재 극도로 예민하고 불안한 상황이라면, 다음과 같은 방법을 시도해 보세요.

1. 하던 일을 잠시 멈춥니다.

2. 조용한 공간으로 이동합니다.

3. 천천히 심호흡을 합니다. 숨을 짧게 두 번 들이쉬고 길게 내뱉는 것을 반복합니다.

어느 정도 진정되면, 자신의 감정을 돌이켜 봅니다. 왜 그렇게 화가 났는지, 왜 그렇게 예민하게 반응했는지, 진정으로 바라는 상황이 무엇인지 스스로에게 질문하고 답해 봅니다. 이러한 과정을 통해 불안한 상황에서도 즉각적 반응을 자제하고, 한결 현명하게 갈등을 관리할 능력을 기를 수 있습니다.

앞선 사례 커뮤니케이션에서 두려움이 많았던 세일즈팀 A 팀장은 불안정한 감정을 추스르고 다시 한번 B 차장과 이야기를 시도해 보기로 합니다.

A 팀장: B 차장, 우리 팀에서 많은 기여를 해주고 있다는 것 잘 알아요. 수행하던 프로젝트에서 좋은 성과를 내줘서 참 고맙습니다. 한 가지 걱정은 우리가 지금 하는 일만으로는 지속적 성과 창출에 한계가 있다는 점이에요.

B 차장: 저도 신규 비즈니스 확장이 필요하다는 점은 잘 압니다. 하지만

아시듯이 제가 담당하는 프로젝트가 너무 많습니다. 팀원도 매우 부족한 상황이라 계속해서 초과 근무를 하고 있다고요. 신규 비즈니스까지 담당하기에는 한계가 있습니다. 그리고 저희 팀 상황이 이렇게 빡빡하게 돌아가는데 고객 인터뷰 자료는 타 팀에서 충분히 지원해 줄 수 있는 것 아닌가요?

A 팀장: B 차장의 의견에 일부 동의해요. 타 팀에서 백업이 가능하다고 해도, 우리 팀에서 메인 PM이 한 명 정도 붙어서 방향성을 소통해 주는 역할이 필수적이란 게 내 생각이에요. 또한 신규 비즈니스의 경우 B 차장만큼 잘 해낼 수 있는 사람이 없기도 하고요. 그만큼 신뢰한다는 뜻이죠. 지금 당장 모든 걸 다 해내라는 것은 아니에요. 인터뷰 자료 정리는 다른 팀에 지원을 요청해 볼 테니, 프로젝트 관리 측면에서 메인 커뮤니케이션만 담당해 줄 수는 없을까요?

B 차장: 음… 그런 정도라면 괜찮을 것 같습니다. 사실 신규 비즈니스 쪽에 관심이 많았어요. 지금 하는 여러 업무가 시급해서 바로 할 수 있다고 답하기가 어려웠습니다. 혹시 이 프로젝트가 본격적으로 진행된다면 팀원 충원은 가능할까요?

A 팀장: 지금 회사 상황상, 바로 경력직을 채용하는 건 무리일 수 있어요. 다음 주 인턴 몇 명이 입사한다고 들었어요. 인턴 인력을 배치할 수 있을지 인사팀장과 얘기해 볼게요. 그리고 다른 팀에도 협조를 다시 구해 보겠습니다.

B 차장: 네, 알겠습니다. 아까 다소 격앙되었던 것 같아서 죄송합니다.

인정과 존중,
갈등 관리의 열쇠

갈등을 해결하는 가장 빠르고 좋은 방법은 서로의 존재를 인정하고 수용하는 것입니다. 상대방이 나와 100% 똑같이 생각하거나 느끼지 않을 수 있다는 걸 받아들이고, 함께 받아들일 수 있는 중간 지점을 찾아보는 것이죠. 이를 위해서는 먼저 상대방의 말을 진심으로 들을 줄 알아야 합니다. 내 생각만 고집하거나 성급하게 판단하지 않고, 상대방의 신념과 가치, 그리고 선한 의도를 이해하려고 노력하는 것이 중요합니다.

'이 사람 입장에서는 충분히 그렇게 생각할 수 있겠다'고 인정하고 받아들이면, 갈등 해결의 반은 성공한 거나 다름없습니다. 왜냐하면 상대방도 심리적으로 안전함을 느끼고, 적극적으로 합의점을 찾으려는 마음이 생기기 때문입니다.

상대방을 인정한다는 건 그 사람을 '신뢰'한다는 뜻이기도 합니다. 서로 간에 '신뢰 관계'를 쌓는 건 우리가 원하는 걸 두려움 없이 솔직하게 말할 수 있게 해주는 가장 좋은 방법입니다. 신뢰의 사전적 정의는 '굳게 믿고 의지하다'입니다. 조직 안에서는 '이 사람이 나를 해치지 않을 거야' 하는 믿음이기도 하죠. 다시 말해, 누군가를 신뢰한다는 건 그 사람의 의도에 나쁜 뜻이 없고, 내가 있는 그대로의 모습을 보여줘도 불안하지 않다는 것입니다.

《타인을 읽는 말》이라는 책에서는 상대방과 신뢰 관계를 쌓는 데 '라포르' 형성이 중요하다고 강조합니다. 라포르는 '~을 다시 가져오다, 알리다'라는 뜻의 프랑스어에서 온 말로, 두 사람 사이의 신뢰와 친밀함을 나타내는 중요한 개념입니다. 저자는 라포르를 유지하려면 상대방을 속이거나 기만하지 않고 솔직한 태도를 취하는 게 매우 중요하다고 말합니다. 불필요한 감정은 버리고 거짓 없이 나의 부족한 면을 인정하고 보여주면, 상대방이 나를 더욱 신뢰하게 된다는 거죠.

이런 신뢰가 바탕이 되면 서로에 대한 오해가 줄고, 대화의 목적에 집중할 수 있습니다. 결국 조직 안에서 우리는 조직의 목표를 이루기 위해 존재하는 것이니까, 서로가 적이 아니라 같은 협력자라는 걸 인식하고 합의점을 찾아가는 길을 모색할 수 있습니다.

신뢰 관계가 쌓였다면, 서로 상황을 이해하기 위해 유관 부서 두 팀의 리더와 구성원을 서로 바꿔서 소통해 보는 것도 좋은 방법입니다. 서로가 상대방 팀의 처지에서 협업이 잘 안 되는 이유를 이야기해 보면, 자기 팀의 관점에서 벗어나 일을 성공시키기 위해 무엇이 중요한지 이해할 수 있습니다. 결국 자기 팀만 지키거나 팀끼리 경쟁하는 게 아니라, 일이 잘되게 하기 위한 공동의 노력이 중요하니까요.

세일즈팀 A 팀장은 R&D팀이나 전략기획팀과 대화하기 전 해당 팀의 처지에서 생각해 보기로 했습니다. 지금의 업무 상황, 팀원들, 각각의 이해관계… 최근 회의 자료를 다시 한번 들여다보니, R&D팀 팀원이 얼마 전 세 명이나 그만두었다는 사실을 발견했습니다. 매주 정규 회의 때 서로의 업무를 공유하고 있기는 하지만, 각자의 업무 보고에만 집중할 뿐 정작 서로의 팀 상황에 대해서는 너무 무관심했다는 생각이 들었습니다.

A 팀장: 안녕하세요. 요새 많이 바쁘시죠? 특히 갑자기 팀원들의 이탈이 있어 고민이 많으시겠어요.

R&D 팀장: 에휴… 그러게나 말입니다. 지금 당장 돌아가는 업무를 감당하기에도 벅찬 상황이네요. 빠르게 채용해야 하는데, 지원자들이 면접 당일 오지 않는 경우도 많아 정말 미치겠습니다.

A 팀장: 그런 상황도 모르고, 일전에는 대뜸 업무 요청만 드려 죄송했습니다.

R&D 팀장: 아닙니다. 사실 저희 팀에서 같이 붙어야 하는 일이 맞다는 건 알지만, 다른 업무를 벌일 여유가 없네요.

A 팀장: 혹시 그렇다면, 저희 B 차장이 메인 PM으로 붙어서 필요한 것들을 구조화해서 정리해 드릴 테니, 아주 기본적인 지원만 해주시면 안 되겠습니까?

R&D 팀장: 아… B 차장이야 회사에서 인정하는 에이스라 붙어서 이끌어준다면야… 그래도 지금 상황에서는 사실 걸리는 부분이 많네요.

A 팀장: 혹시 그렇다면 매주 전달해 주시는 정리 리포트 말입니다. 그 주기를 당분간 격주로 조정하면 어떨까요? 그 외 관계사 데이터 자료는 전수가 아니라 저희 측에서 꼭 필요한 것만 골라서 요청드리는 걸로 하고요.

R&D 팀장: 그렇게 된다면 저희도 도울 정도는 되는데, 정말 그래도 되겠습니까?

A 팀장: 네, 팀원들과도 이미 협의한 부분입니다. 팀원이 충원될 때까지 당분간이라면 문제없을 것 같습니다. 다만 신규 비즈니스를 위한 인터뷰 및 고객 데이터 검토도 아주 중대한 건이니 어려우시겠지만 최대한 가능한 선에서 지원 부탁드립니다.

R&D 팀장: 네, 그렇게 하겠습니다. 저희 팀 상황을 고려해 주셔서 감사합니다.

갈등은
계속된다

근래 IT업계 스타트업 임원 한 분과 티타임을 할 기회가 있었는데, 대화 중 이런 말을 했습니다.

"요새 정말 고민이야. 회사가 너무 평화로워. 겉으로 드러나는 갈등이 없어. 이 상황을 어떻게 받아 들여야 할까?"

이 말씀이 조금 이상하게 들리지 않나요? 조직이 평화롭고 갈등이 없으면 얼마나 이상적일까요? 하지만 서로 다른 둘 이상의 사람이 모여 있는 조직에서 아무런 갈등 없이 평화롭기만 하다는 건 그다지 좋은 조짐이 아닐 수 있습니다. 갈등이 겉으로 드러나지 않고 표면 아래 숨어 있어 곪고 있거나, 혹은 변화에 적응하지 못하고 안주하고 있다는 의미일 수 있기 때문입니다.

다시 말씀드리지만, 적당한 수준의 갈등은 오히려 조직의 성장에 도움을 줄 수 있습니다. 따라서 갈등을 부정적으로 보고 회피하기보다는, 어떻게 관리하고 활용할지 고민해 보는 것이 좋습니다.

세일즈팀 A 팀장의 사례에서도 알 수 있듯이 갈등은 불안, 스트레스 등의 부정적인 감정으로부터 유발되는 경우가 많습니다. 따라서 스스로 스트레스 및 감정 관리를 잘 하고, 서로가 진짜 바라는 이상적 상황이 무엇인지를 객관적으로 살필 수 있어야 합니다. 감정의 해결은 서로의 존재를 인정하고 수용할 때 가능해집니다. 내 생각과 팀원의 생각, 타 팀의 생각이 다를 수 있다는 것을 인지하고, 공동의 목표 달성을 위한 방향으로 합의점을 모색해 본다면 갈등은 오히려 성장의 기회가 될 수 있습니다.

다만, 갈등은 하나가 해결되었다고 해서 완전히 사라지는 것이 아닙니다. 다양한 사람이 함께하는 조직 안에서 갈등은 끊임없이 발생할 수밖에 없습니다. 갈등의 완화는 또 다른 갈등의 시작이기도 하기 때문에, 갈등 관리를 위한 지속적 노력이 필요하다는 점을 기억해 주세요.

"인정받고 싶어요."
오늘도 볼멘소리가
힘겨워

"아니, 왜 이렇게 불만이 많은 걸까요? 저를 고충처리반 정도로 여기시는 것 같습니다."

"불평 접수만 하다 보니 일주일이 다 지나갑니다. 정말 허무한 느낌이 듭니다. 이러려고 팀장이 된 건 아닐 텐데요."

"불만을 해결하고 싶어도 마땅한 방법이 별로 없는 상황에서, 어떻게 해결해 나가야 할지 고민됩니다."

팀장이 된 이후 팀원들에게 들은 이야기를 몇 가지 카테고리로 분류해 보면 어떤 것들이 나올까요? 시간이 흐를수록 팀장에 대한 인정이나 칭찬은 기대하기 어려워집니다. 아마도 분류상 가장 많은 것이 바로 '불만'이 아닐까 싶습니다.

개인적 경험으로 시작해 봅니다. 팀장이 된 첫해, 처음으로 팀원에게 불만 가득한 의견을 받았을 때가 기억납니다. 팀장이 되기 전까지는 저 역시 불만을 토로하는 입장이었지, 불만을 듣는 입장이 된 적은 없었습니다. 좀 더 자세히 들어보니 팀원이 딱히 틀린 이야기를 하는 것도 아니었습니다. 해결되지 않으면 팀원에게 불이익이 갈 수 있는 상황이기도 했죠.

팀장으로서 회답을 하든 행동을 취하든 뭔가를 해야 했는데, 아쉽게도 그때 저는 그렇게 하지 못했습니다. 일단 무엇부터 해야 하는지 경험이 부족한 2년 차 팀장이라는 게 첫 번째 이유였습니다. 개인적으로 더 크게 다가온 이유는 그 불만이 저라는 사람에 대한 불만의 표시라고 생각한 데 있습니다. 팀원의 불만에 '지금 나와 싸우자는 건가' 하고 생각하는 사람이 냉철하고 이성적으로 문제를 해결할 능력이 있을 리가 없겠죠. 지금 생각하면 우습고 씁쓸한 기억으로 남아 있습니다.

크든 작든 불만은 누구나 가진 마음입니다. "불만 없어요"라고 말하는 사람은 이 세상에 대해 해탈의 경지에 오른 사람이니 여기서는 논외로 하겠습니다. 불만에 대해 팀장인 당신이 짚고 넘어가야 하는 이유는 다음의 두 가지입니다. 불만이 생기는 이유가 무엇인지, 그리고 불만을 달랠 수 있는 방법이 있는지를 고민해 봐야 하기 때문입니다.

불만(不滿)을 사전에서 찾아보면 '마음에 흡족하지 않음'이라고 정의하고 있습니다. 이 표현도 아주 쉬운 말은 아닌 것 같아 다른 말로 표현해

보면 '성에 안 찬다' 정도가 될 것 같습니다. 그러니까 불만이란 내가 기대한 것에 미치지 못한 상태를 말하는 것이죠.

그렇다면 당신에게 불만을 표현하는 구성원들은 무엇을 기대했고, 무엇이 기대에 미치지 못한다고 생각하는 것일까요? 이에 대해 몇 가지 상황에 맞춰 이야기해 보도록 하겠습니다.

불만이
생기는 순간

순간 1 "팀장님, 지금 제 말은 안 들으시잖아요!"

상대가 불만족하는 '이유'를 직접 듣는 순간입니다. 불만을 표현하는 말은 여러 가지입니다.

업무가 마음에 들지 않아서, 함께 일하는 동료와 잘 맞지 않아서, 일을 제대로 할 만한 시간이 부족해서, 일을 했는데 적절한 인정을 받지 못해서 등등 수없이 많습니다. 사실 불만이 생긴 근본적인 원인은 뭔가가 본인의 기대에 미치지 못했기 때문일 텐데요. 과연 무엇이 기대에 미치지 못한 것일까요?

불만을 이렇게 바꿔보겠습니다. 내가 좋아하는 업무라면 잘할 수 있을 텐데, 나와 잘 맞는 파트너를 배정해 줬다면 성과가 더 좋았을 텐데, 시간을 조금 더 주면 일을 완벽하게 해낼 텐데, 제대로 평가받았다면 신나게 일했을 텐데…. 반대로 보니 어떤 생각이 드시나요? 앞서 언급한 불만의 이유는 모두 자신의 의견이 인정받는 상황이었다면 나오지 않았을 것입니다.

구성원이라면 누구나 인정받으며 일하고 조직 생활을 하고 싶어 합니다. 당신도 지금 팀장이 된 것은 팀장을 할 만한 능력이 있다고 인정받았기 때문이겠죠. 인정 욕구가 충족되지 않으면 불만이 생기고 표출되는 것입니다. 당신이 이런 불만을 듣기 전에는 어떤 인정 욕구가 있었는지 미처 알지 못했을 수 있습니다.

물론 어떤 인정이 필요한지에 대한 설명도 없이 불만부터 이야기한 사람의 행동이 좋다고 할 순 없습니다. 하지만 불만을 표출하는 이유를 이해하게 된다면, '저 사람은 또 불만만 말하는구나…' 하고 속 썩기보다는 '아, 그렇구나. 이런 업무에 대한 경험이 없었으니 지시하기 전에 사전 설명을 해서 이해를 구해야겠다' 하고 준비하는 팀장이 될 수 있을 것입니다.

순간 2 "이걸 월요일까지 해야 한다고요?"

불만이 언제 가장 많이 생길까요? 보통 업무 지시 단계에서 많이 발생합니다. 저 역시 팀원이었을 때 불만을 가장 많이 표출한 시점은 업무 할당을 받을 때였습니다. 기한이 너무 촉박해서 야근이나 주말 근무까지 해야 겨우 끝낼 수 있을 것 같은 업무를 팀장님이 자꾸 지시하던 그 순간에 볼멘소리를 하고, 때로는 겁 없이 "이걸 어떻게 이 기간에 다 하냐"고 대들기도 했습니다 (이 자리를 빌려 그때의 팀장님께 죄송하다는 말씀을 드립니다).

업무 지시를 받을 때 팀원들이 불만이 많은 이유는 대부분 업무량과 난이도에 비해 주어진 시간이 부족하다고 느끼는 데 있습니다. 즉 내가 인정받을 만큼 일을 하려면 이 정도의 시간은 필요할 것 같은데 팀원이 기대한 것과 다른 내용을 듣게 된 것입니다.

그렇다면 "팀원이 기대하는 기간으로 그냥 시간을 다 주면 해결될까요?"라는 질문이 나올 수 있습니다. 답은 '아니오'입니다. 그렇게 팀원들의 기대치를 무조건 충족해 주면 업무 소요 시간은 조금씩 무한정 늘어나고, 업무 생산성은 높은 확률로 떨어질 것입니다. 상부에서는 왜 당신의 팀만 업무량 대비 시간이 더 걸리냐는 질책이 나올 게 뻔하겠죠. 그렇다면 어떻게 하면 좋을까요?

모두의 기대치를 완벽하게 만족시킬 만한 상황은 없습니다. 다만 가득 찬 불만은 좀 줄여봐야겠지요. 일단 업무에 대해 이야기할 때 필요한(즉 팀원들이 기대하고 수행했을 때 인정받는다고 생각할 만한) 기간을 물어보세요. 그 기간이 지나치게 길다면 팀원들의 성과를 예시로 들어 조정해 봅시다.

"A 대리님은 지난번에 비슷한 업무를 야근 한 번 없이 7일 만에 완성했죠. 혹시 그때 무리한 거라면 이번엔 무리하지 않는 선에서 8일 정도면 어떨까요? 저도 시간을 충분히 더 드리면 좋겠는데, 이 일 다음에 또 다른 일이 예정돼 있기도 하고, 지금 대리님의 열흘 의견은 상부에 보고하기에는 조금 깁니다. 양해해 주면 좋겠어요."

이렇게 상대의 기대치를 알고 있음을 보여주고, 당신이 상대를 충분히 인정하고 있음을 표현하며, 상대의 기대치를 충족하기 어려운 이유를 설명하고, 이해를 구해 보는 것은 어떨까요?

순간 3 "말씀하신 그 부분은 이상하지 않나요?"

이는 불만 유형 중 대응하기 어려운 편에 속합니다. 나에 대해 공격적이고, 인정하지 않는다는 느낌을 직접적으로 받게 되죠. 이런 말이 당황스럽다면, 이는 당신에게 하는 말이라고 받아들였기 때문일 가능성이 높습니다.

물론 대화하는 상대가 팀장인 당신이니 당신에게 한 말인 건 맞습니다. 하지만 잘 생각해 보면 그 말은 당신이라는 '사람' 자체에 한 말이 아닙니다. 문장을 다시 자세히 보세요. '말씀하신 그 부분'입니다. 그 부분이 불만인 것이지, 그것을 이야기한 팀장 자체에 불만을 가졌다는 뜻은 아닙니다.

만약 팀장 자체가 불만이라면 "그렇게 말씀하시는 팀장님이 이상해요"라는 불만이 나왔을 것입니다. 그러나 불만을 듣는 팀장으로서 '아니, 지금 나에게 불만이 있는 거야? 내가 뭘 잘못한 건가?' 하는 생각이 들었을 수 있습니다.

이런 경우에는 문제의 본질로 빠르게 접근해서 이야기를 이어가는 것이 중요합니다. "그 부분이라고 하셨는데, 혹시 제가 잘못 표현한 게 있다면 어떤 건지 조금 더 자세히 말씀해 주겠습니까?"라고 물어보거나, "네, 그 부분이 납득하기 어려울 수 있습니다. 그런데 제가 이렇게 이야기한(혹은 그런 의견이 나온) 이유는 ~~ 입니다"라고 이야기를 이어가 보면 어떨까요?

엉킨 실타래,
풀거나 끊거나

당신이 현재 모두가 불만 없이 100% 만족하는 유토피아에 산다면 지금 이 책을 읽지 않아도 될 겁니다. 현재 당신은 수많은 불만 해소와 인정 욕구 충족을 위해 고군분투하고 있습니다. 이를 조금이라도 쉽게 할 수 있는 습관을 만드는 팁을 몇 가지 소개해 드리고자 합니다.

1. 당사자만의 생각은 아닌지 물어보세요

불만에 찬 이야기를 들었을 때 얼른 그 불만을 해결하고 싶은 생각부터 드는 것은 충분히 이해할 수 있습니다. 그렇지만 구성원이 토로하는 불만이 다분히 개인의 의견인지, 구성원 모두를 위한 것인지 분별하고 해결 방법을 찾는 것이 팀장으로서 최대한 공정성을 유지하는 하나의 방법입니다.

아무도 그런 불만을 제기하지 않는데 유독 한 명만 불만이 있다면 넌지시 물어봐도 됩니다. "혹시 말씀하신 그 건에 대해 다른 팀원들과도 이야기한 적이 있습니까?"라고 말이죠. 그랬는지 안 그랬는지는 당신이 직접 확인하지 않아도 바로 알 수 있습니다. 모두 불만인데 한 명이 대표로 이야기한 것이라면 옆에 있는 팀원들도 기다렸다는 듯이 동의의 표현을 할 것입니다.

그런 상황이라면 팀장으로서 팀원들의 불만을 최대한 해결하고 팀원들의 인정 욕구를 충족해 줄 대책을 마련해야 합니다. 반대로 이야기한 적 없는 불만이라면 팀원들은 처음 듣는다는 표정으로 말을 아낄 것입니다. 물론 개인이 제시하는 불만이라고 해서 다 잘못된 것은 아니겠지만, 팀장으로서 해결이 필요한 불만은 최대한 함께하는 구성원에게 공정한 시각으로 바라볼 필요가 있습니다. 반면에 발언한 팀원 역시 좀 더 객관적으로 생각을 반추할 수 있게 됩니다.

2. 가장 원하는 한 가지를 물어보세요

불만을 해소하고 구성원의 인정 욕구를 충족해 주는 방법은 여러 가지가 있겠지만, 보통 팀장 정도의 리더는 해결책을 제시하려는 경향을 좀 더 강하게 가집니다. 문제를 해결하는 노하우가 많은 직책자일수록 더 그렇습니다. 문제 해결이 빠르면 일이 빨리 진행되기 때문입니다.

그러나 아직 경험이 많지 않고, 몸에 익은 노하우가 부족해서 매일이 고민인 당신에게 팀원이 원할 만한 카드를 제시하기란 여간 어려운 일이 아닙니다. 그렇다면 이런 불만 가득한 이야기를 듣는 상황을 노하우를 쌓아가는 기회로 만들어볼 것을 권합니다.

불만을 잘 듣고 질문해 보세요. "B 과장님의 고충은 꼭 해결하고 싶습니다. 제가 일단 무엇을 하면 좋을까요? 한 가지만 말씀해 주겠습니까?"

라거나 "C 대리님은 지금 전반적 리소스가 부족한 것 같습니다. 제가 바로 다 해결하는 것은 불가능하니 하나씩 생각해 봅시다. 가장 필요한 것이 무엇일까요?" 식으로 말이죠.

이렇게 하나씩 쌓아보는 겁니다. 팀원들이 불만을 가진 상황이 무엇이고, 원하는 한 가지를 물어보면 이런 것들을 답하더라는 노하우가 하나 생기는 것이지요. 당신 주변의 일 잘하는 고연차 팀장님들에게 물어봅시다. 팀장이 되자마자 바로 팀원들의 불만을 해결해 주었는지. '그렇다'라고 답하는 분은 한 명도 없을 것이라고 자신합니다.

노하우가 많다는 것은 배우고 익힌 것이 많다는 것과 비슷한 맥락입니다. 그리고 노하우는 하루아침에 생기는 것이 아닙니다. 오늘 한 가지를 알게 됐다고 해서 첫술에 배부를 리 없겠지만, 다른 사람들보다 팀원들의 불만을 지금보다는 수월하게 잠재우고 인정욕구는 채워주는 좋은 팀장이 돼 있을 것입니다.

3. 그 자리에서 바로 해결 못 해도 됩니다

많은 초보 팀장이 토로하는 괴로움 중 하나가 '그 자리에서 바로 해결을 못 했어요'라는 내용입니다. 팀원이 다소 격앙된 자세로 불만을 토로하거나 이야기하는 분위기가 험악해졌을 때 팀장으로서 그 분위기를 바로 정리하지 못했다는 생각에 자괴감이 들고 괴롭죠. 충분히 이해합니다. 그런데요, 바로 정리하지 못하는 것은 당연한 일입니다.

혹시 학창 시절에 주먹다짐해 보신 분 계신가요? 신나게 치고받으며 싸우고 여러 친구가 달려들어 말렸을 때, 그 자리에서 바로 "내가 미안해. 잘못했어"라고 말하는 경우가 있던가요? 보통 씩씩대고 돌아선 며칠 뒤에야 어색하게 그때 내가 미안했다며 쭈뼛쭈뼛 둘 중 하나가 사과를 건네며 화해하는 자리가 만들어집니다.

조직 생활에서 불만을 토로하는 격앙된 자리도 비슷합니다. 상대가 잔뜩 흥분한 상태인데 당신이 무슨 이야기를 해도 상대는 받아들이지 못할 가능성이 높습니다. 섣불리 대안을 제시했다가 더 큰 불만으로 오는 경우도 적지 않고, 팀장의 권위로 누르려고 했다가는 말 안 통하는 팀장으로 낙인찍히기 십상입니다. 오늘 그런 불편한 상황이 발생했다면 이렇게 해보면 어떨까요?

일단 그 이야기를 다 듣습니다. 여기서 중요한 건 끊지 않는 끈기입니다. 이야기를 끊으면 상대는 오히려 흥분해서 더 과격해질 수 있습니다. 하고 싶은 이야기를 완전히 털어놓게 하는 것도 팀장의 역할 중 하나입니다.

진중하게 불만 가득한 이야기를 다 들었다면, 이렇게 말해 주세요. "오늘 말씀해 주셔서 감사합니다. 그런데 제가 지금 바로 이야기를 하기에는 저도 오늘 너무 많은 이야기를 들은 것이 사실입니다. 그리고 내용이 굉장히 복합적이라서 저도 고민해 볼 시간이 필요합니다. 저도 D 대리님의 기대치를 올려주고 싶은데 섣불리 이야기를 드리기엔 조심스럽습니다. 이 문제는 제가 내일 ○○시에 회의실을 잡을 테니 그 시간에 다시 이야기 나누면 좋겠습니다."

이렇게 말하고 다음 번 정한 시간에 팀원을 다시 만나보세요. 그리고 위에 말한 두 가지를 차분히 다시 질문해 보세요. 그 불만이 혼자만의 생각이었는지, 그리고 해결이 가능하다고 생각하는 그 한 가지가 무엇인지를요.

어쩌면 팀장이 대안을 마련하는 그 시간 동안 그 불만이 다소 해결돼 팀원으로부터 사과를 받을 수도 있습니다. 아니면 해결책이 있는 것도 아니지만 한 번쯤 자신의 생각을 펼치려다 과격해진 적이 있다는 고백을 들을지도 모릅니다.

설령 아직 미해결 상태의 불만이라도 이미 한 번 이야기를 했고 팀장이 다시 불렀으니, 이제는 그 이야기를 이전 시간보다는 차분하게 대화로 이어나갈 수 있습니다. 팀장이 뚝딱하면 바로 처리하는 도깨비방망이를 가진 사람이 아니라는 것을 기억하세요. 시간을 두고 차분히 접근하는 것도 현실적인 해결 방법이 될 수 있습니다.

오늘의 불만을
내일의 노하우로

저에게 최초로 불만을 토로했던 팀원과는 긴 시간이 흘러 현재는 우애 좋은 사이로 지내고 있습니다. 종종 안부도 묻고 가끔 저녁도 함께 먹곤 합니다. 이번 편을 쓰기 전, 혹시 그날의 이야기가 기억날까 싶어 오랜만의 안부 인사를 핑계로 물어보았습니다. 그랬더니 "내가요? 진짜요? 감히요?"라는 이상한 3요로 답을 하더군요. 저는 그 대답에 "넌 그날 나에게 쓰디쓴 소주를 들이켜게 했지"라고 답했습니다.

오늘 들은 불만으로 속상했던 당신, 내일은 또 어떤 불만이 기다리고 있을지 모릅니다. 하지만 오늘 불만 때문에 힘들었다고 해서 내일도 불만 때문에 똑같이 힘들 거라고 단정 지을 수는 없습니다. 내일은 오늘의 경험이 당신에게 귀중한 노하우로 바뀌어 당신을 보호하고 지켜줄지도 모릅니다.

지금은 힘들고 어려운 상황일지라도, 이런 경험이 쌓여 언젠가는 당신을 더 강하고 현명한 리더로 만들어줄 것입니다. 오늘의 고난은 내일의 성장을 위한 밑거름이 될 수 있습니다. 불만을 듣고 대처하는 과정에서 얻은 통찰력과 지혜는 앞으로 당신의 리더십을 더욱 빛나게 할 것입니다.

속상한 오늘을 내일 쓸 노하우로 만든 당신, 오늘 정말 고생 많으셨습니다.

"함께 풀고 싶어요."
나의 직원은 조직에
헌신하고 있나

'협업'이라는 단어를 들으면 가장 먼저 떠오르는 사례가 '2002년 월드컵'에서 활약한 한국 축구팀입니다. 그 당시 국가대표팀의 활약으로 온 도시가 붉은 악마 물결과 함성으로 들끓었지요. 그 당시 대표팀을 이끈 사람이 '거스 히딩크' 감독이었는데, 도대체 그에게 어떤 능력이 있었기에 지금까지도 잊히지 않을 역사적 기록을 만들어낼 수 있었던 걸까요? 관련해 조선일보에 게재된 '이영표 선수'의 인터뷰 중 일부를 발췌해서 공유해 봅니다.

이영표는 골을 넣는 선수는 아니다. 그러나 항상 빛났다. 그가 빛난다는 것을 알려준 이가 히딩크였다. "감독님이 월드컵 때 저한테 뭐라고 했는지 아세요? 항상 '오늘 너 때문에 이겼다'며 안아주셨어요." 카메라가 비추지 않아도 공을 갖고 있든 갖고 있지 않든 혼을 바쳐 뛰는 이들을 히딩크는 놓치지 않았다. "욕심 없는 선수가 어디 있겠어요. 경기에는 이기적으로 움직이면서 결정적 득점원 역할을 하는 선수가 한두 명은 꼭 필요해요. 하지만 나머지 8-9명은 정말 헌신해야 해요. 우리의 득점이라 인식하고 묵묵히 뛰는 선수가 많을수록 강한 팀이 되는 것이죠."

"제가 월드컵에서 여러 도움(어시스트)을 기록할 수 있었던 것도, 누군가 나에게 공을 패스해 준 사람이 있었기 때문이죠. 그 골이 탄생할 수 있게 상대 진영에서 공을 처음으로 뺏어낸 선수, 공이 들어가기 전까지 상대를 밀착 방어하며 수비해 준 선수 역시 박수받아 마땅하고요."

패스를 성공시키는 것도 마찬가지다. "공을 주는 사람은 받는 사람이 언제 어디서 어떻게 받기를 원하는지 항상 생각해야 해요. 받는 사람도 마찬가지죠. 서로의 마음을 읽고 배려하는 그 두 지점이 만나면 '나이스 패스'가 됩니다. 내 욕심만 앞세워, 내가 원하는 것과 원하는 타이밍만 찾으면 '패스 미스'가 나오게 되고요."

출처: "네 덕에 이겼어"… 득점보다 헌신을 더 중시한 히딩크, 내 인생의 보물, 2024.07.02, 최보윤 기자

위 인터뷰 기사를 보고 어떤 생각이 드시나요? 그 당시 우리나라 대표팀을 4강 신화로 이끈 동력은 무엇이었을까요? 바로 스스로 빛나고자 하는 것이 아닌, '팀에 헌신하는 마음'입니다. 나 혼자만의 능력이 뛰어나서

는 절대로 높은 성과를 낼 수 없죠.

팀장도 마찬가지입니다. 나 혼자 애쓴다고 팀원들이 나의 리드대로 잘 따라와 주는 것도 아니고, 나 혼자 고군분투한다고 해서 팀 성과가 더 좋아지는 것도 아닙니다. 중요한 것은 공동의 목표를 향해, 각자의 강점은 발휘하고 약점은 보완하며 서로 협력하는 모습입니다.

아마 모두 협력의 가치는 막연히 공감하고 계실 거라 생각합니다. 그런데 막상 현업에만 들어서면 나에게 닥친 일을 쳐내기 급급해서 주위를 살필 겨를이 없어지곤 하죠. 그래서 '협업'을 논할 때는 실과 바늘처럼 '문화'라는 단어가 함께 따라붙곤 합니다. 협력하는 문화를 만들어야 구성원들도 협업을 우선순위 가치로 두게 되고, 개인의 성과보다 '공동의 목표'를 위해 고민하고 움직일 수 있습니다.

그렇다면 현재 우리 팀의 상황은 어떠한지 먼저 들여다볼까요? 여유를 가지고 아래 질문에 천천히 답해 보세요.

- 우리 구성원들은 현재 서로 얼마나 협업하고 있습니까?
- 우리 팀에서 가장 일 잘하는 사람은 누구입니까? 왜 그렇게 생각하시나요? 그 사람의 협업 태도는 어떠한가요?
- 우리 팀에서 일 잘하는 사람을 평가하는 기준은 무엇입니까?
- 최근 우리 조직 혹은 우리 팀에서 가장 대표적 협업 사례는 무엇이 있습니까? 관련해, 우리 조직 혹은 우리 팀에서는 그들을 어떻게 평가 또는 보상했나요?

자! 어떤가요? 우리 팀에서 일 잘하는 사람을 평가하는 기준은 무엇입니까? 우리 팀은 지금 협업을 중요하게 생각하고 있나요? 나는 팀장으로서 협업을 중요한 가치에 두고, 일관성 있는 평가와 보상을 하고 있습니까? 만약 지금까지의 성찰을 통해 우리 팀의 협업 문화에 개선이 필요하다고 느끼셨다면, 다음 파트에 특별히 주목해 주시기 바랍니다. 앞으로 우리는 어떻게 더 나은 협업 문화를 만들어갈 수 있을지, 그리고 팀장으로서 어떤 역할을 해야 할지에 대해 자세히 다룰 것입니다.

협업 시작은
애정과 관심에서

만약 협업을 중요하게 생각하지 않고, 내 일을 우선시하는 문화가 형성돼 있다면 아마도 팀 혹은 조직에 대한 소속감이 낮기 때문일 수 있습니다. 협업에는 '헌신'의 개념이 포함돼 있습니다. '협업'의 사전적 정의는 '생산의 모든 과정을 여러 전문적인 부분으로 나누어 여러 사람이 분담하여 일을 완성하는 노동 형태'이지만, 우리가 생각하는 협업은 단순히 R&R이 구분돼 맡은 일만 열심히 하는 개념은 아닐 것입니다.

헌신은 '몸과 마음을 바쳐 있는 힘을 다함'이라는 뜻이고, 협력은 '힘을 합하여 서로 도움'이라는 뜻입니다. 즉 우리가 생각하는 이상적인 협업은 협력과 헌신 쪽에 좀 더 가깝다고 할 수 있습니다. 그렇기 때문에 협력과 헌신은 조직 혹은 소속된 팀에 대한 애정에서 출발합니다.

우리 팀에 깊은 소속감을 느끼게 되면, 궁극적으로 '우리 팀'이 잘되길 바라고, 자연히 우리 팀의 목표 달성을 중요하게 생각하게 됩니다. 팀에 대한 애정이 생기면 자연히 팀에서 일어나는 일에 관심을 가지고 되고, '나만 잘하면 돼'가 아니라 '함께 잘하는 문화'를 지향하게 됩니다. 따라서 진정한 협업은 강제성이나 의무감보다는 '내가 원해서' 혹은 '우리 팀을 위해서' 기꺼이 헌신하는 모습으로 나타납니다. 이를 소속감이라고 표현해도 무방합니다.

그럼, 팀원의 소속감을 끌어올리기 위해 어떤 것이 수반돼야 할까요?

아주 간단한 사례를 하나 들어보죠. 제품 포장을 맡고 있는 A, B 팀원이 있습니다. B 팀원에게는 특별히 "우리 회사는 고객 만족도를 최우선으로 하고 있기 때문에, 고객에게 보이는 첫인상이 매우 중요하다, 첫인상을 결정짓는 아주 중요한 일 중 하나가 제품 포장이며, 우리는 단순히 포장하는 일을 반복하는 사람이 아니라, 회사의 이미지를 고민하는 사람이다"라고 설명했다고 가정해 봅시다.

어떤 일이 일어날까요? 우선 A 팀원은 열심히 100개, 200개 포장하는 결과를 낼 겁니다. 다만 고객 세일즈 부서에서 '포장지 디자인' 등을 개선해야 한다는 요청이 오면, '이걸 왜 내가 해야 하는지' 이해하지 못하겠죠.

반면 B 팀원의 경우, 제품 포장도 중요하지만 그보다 큰 가치는 고객에게 좋은 첫인상을 주어 고객을 만족시키는 일이라는 것을 알게 될 것입니다. 따라서 우리 고객의 성향이나 페르소나에 대해 더 알고 싶어 하고, 고객 세일즈 부서와 소통하고 협력하는 일에 기꺼이 협조할 것입니다. 시장 트렌드에 따라 일회용 포장지를 친환경 포장지로 바꾸는 것을 먼저 제안하고 실행하는 번거로움을 감수할지도 모릅니다.

따라서 팀장으로서 팀원들에게 그들이 맡은 일이 우리 팀의 목표에 어떻게 기여하는지, 또 우리 팀의 일은 조직의 목표에 어떻게 기여하는지를 명확히 알게 해주는 것이 중요합니다.

요즘에는 '최복동'이라는 말이 있다고 합니다. '최고의 복지는 동료다'라는 뜻이라고 하네요. 그만큼 좋은 인재들이 모여 있으면, 서로 자부심을 느끼고 자발적으로 협력하게 된다는 의미이기도 합니다.

최고의 팀, 좋은 팀에 소속돼 있으면, 자발적으로 자신이 맡은 역할 외의 행동을 통해 추가적으로 기여하려고 합니다. 너무 당연한 말이라서 실망했나요? 하지만 크게는 팀 문화를 포함해 작게는 소통, 협력, 갈등관리 등에 이르기까지 좋은 팀원을 세팅하고 관리하는 것만큼 직접적이고 효과적인 방법은 없습니다.

혹시 우리 팀에 팀 문화를 저해하고, 협력을 방해하는 구성원이 남아 있나요? 그렇다면 다른 것보다 그 팀원을 어떻게 관리할 것인지를 최우선으로 고민해야 할 것입니다. 팀의 성과와 분위기는 한 사람의 부정적 영향력으로 크게 흔들릴 수 있기 때문입니다.

솔선수범과 일관성이
문화를 만든다

단순히 팀 차원이 아니라, '팀 간'의 협력도 마찬가지입니다. 조직 전반적으로 협력을 중시하는 문화가 형성돼 있어야, 각 팀의 성과보다 협업의 가치를 우선순위에 두고 의사결정을 할 수 있습니다. 다만 이제 막 팀장을 맡아 리딩을 시작한 상황에서 조직문화 전반을 바꾸는 것은 현실적으로 불가능한 일입니다. 자신의 역할 안에서 자신이 할 수 있는 일의 한계를 느끼기도 할 것입니다.

이럴 때 가능한 방법은, 나로부터 그리고 우리 팀으로부터 작게 시작해 보는 것입니다. 이 또한 너무 이상적인 말처럼 느껴질 수도 있지만 문화를 바꾸는 것에 일관되고 꾸준한 행동만큼 효과적인 것은 없습니다. 결국 팀장이 보여주는 바람직한 행동이 그 팀의 문화가 되고, 한 팀의 지속적이고 일관된 행동이 작은 물결이 돼 조직의 문화에도 긍정적 영향을 줄 수 있습니다.

서로 기꺼이 헌신하고 협력하는 문화를 만들어가기 위해, 2~3년 차 팀장이 시도해 볼 수 있는 실전 노하우를 몇 가지 알려드리겠습니다.

1. 기본은 존중과 배려

서로 현업에 있다 보면, 매일이 전쟁터입니다. 각 팀의 일만으로도 정신없고 하루가 꽉 찰 것입니다. 거기에 갑작스러운 업무 요청이 오면 누구라도 예민하게 받아들일 수밖에 없습니다. 그러나 간혹, 우리 팀 일이 너무 바쁘다 보니, 우리 팀 일이 제일 급하고, 우리 팀이 제일 바쁜 것처럼 느껴질 때가 있습니다.

따라서 급작스럽게 혹은 일방적으로 업무 요청을 하고, 상대 팀에서 방어적으로 나올 경우 서운하고 답답한 마음이 앞서곤 합니다. 하지만 우리 팀의 업무가 시급하고 중요한 만큼, 다른 팀에서도 각각 조직의 목표 달성을 위해 아주 중요한 일들을 담당해 주고 있다는 걸 잊지 말아야 합니다.

간혹 어느 팀은 참으로 한가해 보이기도 하고, 우리 팀만 고생하는 것처럼 느껴질 때도 있을 것입니다. 흔한 말로 호수 위 유유히 떠다니는 백조도 수면 아래에서는 치열하게 발길질을 하고 있다고 하죠. 서로가 각 팀의 상황을 속속들이 알 수는 없기에 겉으로 드러나는 모습만 보지 말고, 각자 맡은 역할을 열심히 수행 중이라는 점을 상기해야 합니다.

따라서 타 팀에 협업을 요청할 때에는 우리 모두가 함께 고생하고 있는 동지라는, 기본적인 사실을 잊지 말아야 합니다. 이러한 인식을 바탕으로, 아래와 같은 가이드를 참고해 협업을 요청해 보시는 것은 어떨까요?

존중과 배려가 담긴 협업 요청 가이드

- 프로젝트 목적, 개요 등 우리 팀의 일을 다른 팀에서도 이해할 수 있게 전체 맥락에 대한 설명이 필요합니다.
- 어떤 협업이 필요한지 최대한 구체적으로 명기합니다. 다만 딱딱한 명령조로 느껴지지 않게 부드러운 말투로 표현하세요.
- 공동의 목표 달성과 일이 되게 하는 것이 최우선입니다. 우리 팀 입장에 갇혀 일방적으로 요구하기보다, 상대의 팀 입장에서 생각하고 진행 방향, 스케줄 등을 유연하게 조율하세요.

다음은 이러한 가이드를 적용한 협업 요청 메시지의 예시입니다.

이번에 저희 팀에서 사내 조직문화 활성화 차원으로 '연말 행사'를 기획해 보려고 합니다. 아무래도 빠른 시기에 인원이 급격이 늘어나다 보니, 서로 이름과 얼굴도 모르고 일하는 것 같아요. 연말에 하루만큼은 한자리에서 모든 동료가 어우러져 성과를 축하하고 격려할 수 있는 장을 만들어 보고 싶은데요.

저희 팀이 행사 기획팀이 아니다 보니 경험이 부족하고 진행 인력에도 한계가 있습니다. 다들 업무로 바쁘시겠지만, 혹시 각 팀에서 1명씩 TF 인원을 배정해 주실 수 있을까요? 필수적인 것은 아니지만, 분명 각 팀의 업무를 이해하고 네트워킹하는 데 도움이 될 것이라 생각합니다.

필요한 인원은 아래의 정보를 참고해 주시고, 편하게 의견 부탁드립니다. 인원 배정이 어려울 경우에는 다른 방향으로 주실 수 있는 도움이 있다면 아이디어를 주셔도 무방합니다.

- 프로젝트 안건: 연말 행사 기획
- 진행 기간: 10~12월, 약 3개월
- 요청 사항: 각 팀에서 1명씩 TF 인원 배정
- 희망 인원: 총 5~6명 모집

    _기획력과 추진력이 있는 분

    _회계 관리에 자신이 있으신 분

    _끼가 넘치시는 분

    _신입 사원 혹은 팀 막내로 타 팀과 네트워킹이 필요한 분

    _손재주가 좋으신 분

• 의무감보다는 자율적으로 희망하시는 분들을 보내주시면 더 시너
지가 날 것 같아요. 꼭 인력 지원이 아니더라도, 재능 기부 및 지원받
습니다.

2. 공유, 공유, 공유

우리 모두 바쁘고 치열한 전쟁터에서 살아남기 위해 애쓰는 동료라는
기본적인 마음이 생겼다면, 그만큼 존중과 배려를 담아 업무 요청을 해야
겠죠! 갑작스러운 통보처럼 느껴지지 않게, 수시로 사전 공유를 하는 것이
좋습니다.

업무 요청이 발생하기 전에 "우리 팀이 이러한 상황으로, 업무 요청을
드리게 될 수 있습니다"라고 상대게 충분한 사전 정보를 줘야 합니다. 그
래야 타 팀에서도 미리 대비하고 스케줄링할 수 있으니까요.

또한 본격적 협업 요청 단계에서도, "사전에 얘기했잖아!"가 아니라, 다
시 한번 상황과 맥락을 설명하고, 최대한 구체적이고 상세한 정보를 전달해
야 합니다. 당연히 알 거라는 마음을 내려놓고, 우리 팀과 상황이 다르기 때
문에 '아무것도 모를 수 있다'는 마음으로 커뮤니케이션을 진행해 주세요.

타 팀에서 제대로 협조해 주지 않는다고 우리 팀원이 씩씩거리며 돌아
와도, 다시 한번 사전/사후 커뮤니케이션에서 공유가 부족한 부분은 없었
는지 살필 수 있어야 합니다. 팀장이 이러한 태도를 계속 보이면, 팀원도
점차 이런 자세를 배우게 될 것입니다.

다음은 공유의 나쁜 예와 좋은 예를 비교해 보겠습니다.

공유의 나쁜 예

- 제작팀 팀원: 혹시 A 프로젝트 광고주 컨펌은 언제 오나요?
- 마케팅팀 팀원: 아, 지난번에도 말씀드렸는데요. 글로벌 컨펌이 필요해서 언제 올지 모른다니까요.

공유의 좋은 예

- 마케팅팀 팀원: 안녕하세요! A 프로젝트 관련, 원래 오늘 오후까지는 고객사 피드백을 전달드리기로 했었는데, 다소 늦어지고 있어 중간 공유드립니다. 확인되는 즉시 추가 공유드릴 수 있도록 하겠습니다.

  추가적으로 A 프로젝트의 경우, 기존의 케이스와 다르게 글로벌 컨펌이 매우 중요하게 작용하는 건입니다. 혹시 몰라, 글로벌 가이드 기준도 한 번 더 전달드립니다. 또한 워낙 밤낮없이 ASAP로 피드백을 요구하는 성향이라 본의 아니게 급하게 업무 요청드리게 될 수 있어 미리 양해 구합니다. 저도 고객사 피드백 오면 논의드리고 일정 조율 등이 필요하다면 최대한 협의해 보겠습니다. 그 외 추가적으로 공유 필요한 내용 있으면 편하게 요청해 주세요. 항상 감사드립니다.

혹시 다른 팀에서 적극적으로 협조해 주지 않는다고 해도 실망하지 마세요. 거절에는 또 다른 의미의 Yes가 숨어 있습니다. 예를 들어볼까요?

A 팀장: 저희 팀에서 K 프로젝트를 준비하고 있는데, 현장에서 어레인지해 줄 수 있는 사람이 필요해요. 혹시 B 팀에서 한두 명만 지원해 주실 수 있을까요?

B 팀장: 하… 우리 팀도 지금 사람이 부족해요. 당장 상반기 실적 리뷰가 시급해서, 인원을 배정해 드리기가 어려울 것 같습니다.

A 팀장: (속으로) 아니, 실적 리뷰는 지들만 하나? 매번 본인 팀 생각만 하고, 답답해서 못해 먹겠네!

팀 간의 업무 조율을 하다 보면 흔히 발생하는 대화 상황입니다. B 팀장은 지금 당장 닥친 내부 보고로 인해, 프로젝트에 협업할 수 없다고 거절하는 상황인데요. B 팀장의 답변을 곰곰이 들여다보면, 지금 당장 닥친 일을 해결하는 게 걱정돼서 그렇지, 단순히 A팀에 협조하고 싶지 않아 거절하는 것은 아닙니다. 그렇다면 B 팀장의 답변을 'YES'로 한번 바꾸어볼까요?

A 팀장: 저희 팀에서 K 프로젝트를 준비하고 있는데, 현장에서 어레인지해 줄 수 있는 사람이 필요해요. 혹시 B 팀에서 한두 명만 지원해 주실 수 있을까요?

B 팀장: 하… 저희 팀도 지금 사람이 부족해요. 당장 상반기 실적 리뷰가 시급해서, 인원을 배정해 드리기가 어려울 것 같습니다.

A 팀장: 아, 경영진 보고 말씀이시군요. 그거라면 저희가 백업해 드릴 수 있을 것 같은데요. 제가 작년에 진행했던 자료와 올해 상반기 히스토리를 정리해 놓은 게 있는데 공유 가능합니다. 아, 그리고 지난달에 B 팀에서 제공해 주신 데이터가 저희 업무 성과 개선에 아무 큰 도움이 됐습니다. 해당 자료도 함께 전달드려 보겠습니다.

B 팀장: 앗, 정말이요? 그렇다면 너무 감사하죠. 사실 이번 실적 보고를

통해 저희 팀 하반기 예산과 인력 충원이 연계돼 있어서 제가 조금 예민했습니다.

A 팀장: 아닙니다. 그럼 다음 주 수요일 실적 리뷰에 우선 집중하시고, 혹시 그 이후로 팀원 한 명을 저희 프로젝트에 배정하는 부분은 어떨까요?

B 팀장: 아, 그러면 우선 C 대리에게 얘기해 놓을 테니, 프로젝트에 관한 자료부터 넘겨주시고 본격 투입은 다음 주 수요일 이후로 생각하고 있겠습니다.

각 팀이 처한 상황은 서로 다르고, 속속들이 알기가 어렵습니다. 따라서 '협조해 주세요.' - 'YES or NO'의 접근이 아니라, 어떻게 우리 팀에 협력하게 만들지 생각하는 것이 좋습니다. 상대 팀의 거절이 진짜 거절이 아님을 상기하고, 함께 해결할 수 있는 실마리를 찾아보면 분명히 협업의 가능성을 발견할 수 있을 것입니다. 우리는 각 팀의 업무를 넘어 조직의 목표를 함께 달성해 나가는 동료이니까요.

다만, 일을 하다 보면 어쩔 수 없이 거절해야 하는 상황도 발생할 수 있을 겁니다. 그럴 때는 어떻게 대화하면 좋을까요? NO처럼 들리지 않게 YES로 받아치는 겁니다. 완곡한 거절이나 방어적으로 느껴지지 않게, 언제든 협력할 수 있는 든든한 지원군처럼 느껴지게 하는 것이 좋습니다.

A 팀장: 저희 팀에서 K 프로젝트를 준비하고 있는데, 현장에서 어레인지해 줄 수 있는 사람이 필요해요. 혹시 B 팀에서 한두 명만 지원해 주실 수 있을까요?

B 팀장: 아, 현장의 일이라면 저희가 당연히 도와드려야 하는 부분이

맞는데요. 이번에 실적 개선이 시급해서 당분간은 이 부분을 최우선으로 해야 할 것 같습니다. 경영진에서도 그 부분을 가장 강조하고 있고요. 그래서 지금 당장은 도와드리기가 어려울 것 같은데 어떻게 하면 좋을까요?

A 팀장: 아… 혹시 그럼 현장 관련해서, 따로 도움을 구할 만한 팀이나 인력이 있다면 소개해 주시겠습니까?

B 팀장: 물론이죠. 일단 제가 아는 전문 프리랜서를 한두 명 연결해 드릴 수 있을 것 같습니다. 또 제가 데리고 있던 친구가 지금 디자인 파트로 가 있는데, 그 친구도 충분히 지식이 있어 도움이 될 겁니다. 제가 디자인팀 팀장과 한번 이야기 나눠볼게요. 그리고 저희가 프로젝트에 본격적으로 투입은 어렵더라도, 언제든지 진행 관련 의견은 제공해 드릴 수 있을 것 같아요.

A 팀장: 그렇게 해주신다면 너무 감사합니다.

3. 인정과 칭찬, 감사의 한마디

협업하는 문화를 만들기 위해 가장 좋은 방법은 당연하게도 인정과 칭찬입니다. 대단히 큰 성과를 냈을 때뿐 아니라, 작은 일에도 수시로 감사 인사를 건네는 것이 중요합니다.

예를 들어, 다음과 같은 표현들을 사용해 볼 수 있습니다.

- "그때 그 자료 아주 도움이 됐습니다."
- "이번 프로젝트에서 B 팀의 도움이 아니었다면 이런 성과를 내기 어려웠을 것입니다."
- "매번 바쁘신 데도 시간 내주셔서 감사드립니다."

• "C 팀이 특히 애써 주셨습니다."

우리 팀의 성과도 다른 팀의 성과로 함께 돌려주며, 상대 팀을 들러리가 아니라 주인공으로 만들어주는 방법을 한번 사용해 보세요. 이는 팀 간의 신뢰와 협력을 강화하는 데 큰 도움이 될 것입니다.

인정과 칭찬에는 비용이 들지 않기 때문에 아끼지 말고 충분히 쓰셔도 좋습니다. 오히려 이는 매우 가치 있는 투자라고 할 수 있습니다. 기본적으로 사람이 하는 일이다 보니, 서로의 감정을 긍정적으로 관리하면 이번뿐만 아니라 다음에도 계속해서 우리 팀에 기꺼이 협력해 줄 것입니다.

인정과 칭찬을 효과적으로 하기 위한 몇 가지 팁을 소개해 드리겠습니다.

과정을 최대한 구체적으로 칭찬합니다.

"이번 프로젝트에서 특히 데이터 분석 부분을 정확하고 빠르게 해주셔서 큰 도움이 됐습니다."

사소한 것도 자주 감사를 표현합니다.

"오늘 회의 시간에 맞춰 와주셔서 감사합니다."

진심을 담아서 합니다.

"여러분의 지속적 협조 덕분에 경영진에게 큰 칭찬을 받았습니다. 성과는 연말에 함께 공유하겠습니다."

이러한 방식으로 인정과 칭찬을 실천하면, 팀원들과 다른 팀 사이의 관계가 더욱 돈독해지고 협업의 효율성도 높아질 것입니다. 또한 이는 팀 문화를 긍정적으로 변화시키는 데 긍정적 영향을 줄 수 있습니다.

"미래가 궁금해요."
어떻게 성장으로 이끌까

성장의 순간은 언제일까요? 많은 사람이 성장을 단순히 직업적 성공이나 승진으로만 생각하기 쉽습니다. 하지만 성장의 본질은 그보다 훨씬 깊고 넓은 의미를 지니고 있습니다. 저는 오랜 고민 끝에 다음과 같은 결론에 도달했습니다.

• 할 수 없는 것을 할 수 있게 됐을 때
• 할 수 있던 것을 더 빠르고 효율적으로 수행할 수 있게 됐을 때

이러한 깨달음은 어느 연말에 한 해를 돌아보며 얻은 것입니다. 연초와 연말의 제 모습을 비교해 보았을 때, 분명한 차이를 느낄 수 있었습니

다. 그 차이는 바로 새롭게 습득한 지식과 기술, 그리고 기존에 하던 일을 더욱 효율적으로 처리할 수 있게 된 능력이었습니다. 이 두 가지 경우는 성장의 장면을 명확하게 보여줍니다.

첫째, 성장은 새로운 능력을 습득하는 과정입니다. 이는 지속적 학습과 다양한 경험을 통해 이루어집니다. 예를 들어, 새로운 프로그래밍 언어를 배우거나 복잡한 프로젝트 관리 기술을 익히는 것, 또는 여러 팀원의 일정을 효과적으로 관리해 프로젝트를 성공적으로 완수하는 것 등이 여기에 해당합니다. 이런 과정은 때로는 어렵지만, 그만큼 큰 성취감을 줍니다.

둘째, 성장은 기존의 능력을 한 단계 더 향상하는 과정입니다. 이는 반복적 연습과 지속적 피드백을 통해 가능해집니다. 예를 들어, 비슷한 업무를 더 빠른 시간 내에 처리할 수 있게 되거나, 더 높은 품질의 결과물을 만들어낼 수 있게 되는 것이 이에 해당합니다. 이런 과정은 단순한 반복이 아니라, 끊임없는 개선과 자기 성찰을 통해 이루어집니다.

지금부터 몇 가지 구체적 사례를 통해 성장의 모습을 더 자세히 살펴보도록 하겠습니다. 이를 통해 우리는 일상 속에서 쉽게 지나칠 수 있는 성장의 순간을 더욱 명확히 인식할 수 있을 것입니다.

성장의
실제 모습

성장의 실제 사례를 통해 우리는 성장이 얼마나 다양한 형태로 나타날 수 있는지 잘 알 수 있습니다. 이제 두 가지 구체적 예시를 살펴보며 성장의 모습을 더 자세히 알아보도록 하겠습니다.

마케팅팀의 A 직원 사례는 기술적 성장의 좋은 예시입니다. A 직원은 기존 엑셀 중심의 분석 방식에 한계를 느끼고 새로운 도전을 시작했습니다. 파이썬과 R이라는 새로운 도구를 습득하는 과정은 결코 쉽지 않았습니다. 하지만 노력을 통해 A 직원은 대용량 데이터를 더욱 효과적으로 처리할 수 있게 됐고, 데이터 시각화와 통계 분석 능력까지 크게 향상했습니다.

이는 '할 수 없는 것을 할 수 있게 된' 성장의 전형적 모습입니다. 또한 기존에 하던 분석 업무를 새로운 도구를 통해 '더 빠르고 효율적으로 수행할 수 있게 된' 것 역시 중요한 성장의 증거라고 할 수 있습니다. A 직원의 사례는 새로운 기술 습득과 기존 능력의 향상이 어떻게 시너지를 일으켜 큰 성장으로 이어질 수 있는지를 잘 보여줍니다.

상품기획팀 B 직원의 사례는 성장이 단순히 기술적인 면에만 국한되지 않음을 보여줍니다. B 직원은 사업부 프로젝트에서 의사소통의 어려움을 겪었습니다. 처음에는 다른 팀원을 탓하는 모습을 보였지만, 결국 자신이 변화해야 한다는 점을 깨달았습니다. 이는 매우 중요한 성장의 순간이라고 할 수 있습니다.

B 직원은 먼저 자신의 관점과 타인의 관점이 다를 수 있다는 점을 인식했습니다. 그리고 상대방의 눈높이에 맞춰 소통하려는 노력을 기울였습니다. 이는 '할 수 없던 것을 할 수 있게 된' 성장의 모습입니다. 더불어

자신의 의견을 명확하고 간결하게 전달하는 방법을 익힘으로써 '기존에 할 수 있던 것을 더 효율적으로 수행할 수 있게' 됐습니다.

이러한 노력의 결과, B 직원은 더 나은 평판을 얻게 됐고, 함께 일하고 싶은 동료가 됐습니다. 이는 개인의 성장이 단순히 개인의 능력 향상에 그치지 않고, 조직 전체에 긍정적 영향을 미칠 수 있음을 보여주는 좋은 사례입니다.

이를 통해 우리는 성장이 다양한 형태로 나타날 수 있으며, 기술적인 면과 인간적인 면 모두에서 일어날 수 있음을 알 수 있습니다. 또한 성장은 개인의 노력과 함께 시작되지만, 그 결과는 조직 전체에 긍정적 변화를 가져올 수 있다는 점도 주목할 만합니다.

성장을 이끄는
팀장의 역할

성장을 이끄는 팀장의 역할은 매우 중요하며, 특히 2~3년 차 팀장에게는 이 역할이 더욱 중요한 과제가 됩니다. 팀원의 성장을 지원하는 것은 단순히 팀의 성과를 높이는 것을 넘어서, 팀원의 만족도와 근속률을 향상하고 조직의 장기적 성공에 기여하는 핵심 요소가 됩니다. 이에 대해 좀 더 구체적으로 살펴보도록 하겠습니다.

우선, 팀원의 성장은 팀 전체의 성과와 직결됩니다. 성장을 추구하는 팀원은 적극적으로 학습하고 피드백을 수용하며, 자신의 업무를 지속적으로 개선하려 노력합니다. 이러한 태도는 자연스럽게 더 높은 성과로 이어집니다. 예를 들어, 한 팀원이 새로운 기술을 습득하고 이를 프로젝트에 적용하면, 전체 프로젝트의 효율성과 품질이 크게 향상될 수 있습니다. 이처럼 성장에 대한 의지를 가진 팀원은 팀의 경쟁력을 강화하고 긍정적 변화를 이끌어냅니다.

아래는 실험 결과를 시각적으로 보기 좋게 만드는 기술인 그라디오를 팀에 전파한 사례입니다.

팀장: C 님 덕분에 그라디오로 실험해 보니 보기에도 깔끔하고 직접 시뮬레이션해 볼 수 있어서 편했어요. 감사합니다.

팀원: 도움이 됐다니 다행이네요. 그라디오를 쓰면 테스트한 결과를 눈으로 확인하기에 좋더라고요.

팀장: 잘하셨어요. 그라디오 사용법 좀 팀에 공유해 주시고, 도움이 된 영상이나 블로그 있으시면 공유해서 다른 분들도 그라디오 쓸 수 있도록 해주세요. 다른 분들이 모르는 거 있으면 C 님께서 도와주시고요.

팀원: 네, 알겠습니다.

성장 기회를 제공받는 팀원들은 자신의 발전을 실감하게 돼 업무에 대한 만족도가 높아집니다. 이들은 적극적으로 자신의 경력 개발에 힘쓰며, 회사에서 제공하는 교육과 훈련 기회를 최대한 활용합니다. 결과적으로 직무 몰입도가 높아지고, 장기적으로는 조직에 대한 충성도로 이어집니다. 이를 통해 조직은 혁신과 변화에 유연하게 대응할 수 있는 기반을 마련하게 되고, 신사업이나 새로운 도전에서도 뛰어난 결과를 기대할 수 있습니다.

　반면, 성장을 원하지 않는 팀원은 변화에 대한 저항이 크고, 현재 상태에 안주하며 학습 기회를 회피하는 경향이 있습니다. 이는 팀의 성과에 부정적 영향을 미치고, 심한 경우 팀 내 갈등을 초래할 수도 있습니다. 따라서 팀장은 팀원들이 성장할 수 있는 환경을 조성하고, 성장의 중요성을 지속적으로 강조해야 합니다.

성장을 촉진하는
팀장의 대화법

　팀원의 성장은 팀장의 관심과 소통에서 시작됩니다. 팀원과의 소통은 팀원이 직면한 고민과 도전을 깊이 이해할 기회를 제공합니다. 이를 통해 팀장은 팀원에게 필요한 지원을 적시에 제공하고, 팀원은 자신의 성장을 적극적으로 도모할 수 있습니다.

　성공적인 소통의 첫걸음은 신뢰 구축입니다. 팀원들은 신뢰할 수 있는 팀장에게 자신의 고민을 솔직하게 털어놓을 수 있습니다. 팀장으로서 지식과 기술, 노하우와 경험을 갖추고 있는지 스스로 점검해 보세요. 뛰어난 업무 능력만으로 신뢰를 얻을 수 있는 것은 아닙니다. 팀원에 대해 잘 알고 이해하려는 노력을 통해 정서적으로도 친밀감을 쌓아야 합니다. 한 번에 신뢰를 얻으려는 조급함은 버리고 작은 신뢰를 여러 번 쌓아가는 것이 중요합니다.

팀원의 성장을 위해서는 지속적 소통이 필수적입니다. 팀원에게 고민이 생겼을 때 스스로 찾아올 가능성은 낮기 때문에 정기적으로 대화하면서 그들의 생각과 필요한 도움을 파악해야 합니다. 일회성 대화나 단발성 지원으로는 충분하지 않으며, 팀장은 팀원과 소통을 지속적으로 유지해 그들의 변화와 발전을 꾸준히 모니터링해야 합니다. 이를 통해 각 팀원에게 맞춤형 지원을 제공할 수 있습니다. 아래는 팀장과 팀원 간 효과적인 소통 예시입니다.

팀장: 안녕하세요. 매달 돌아오는 정기 미팅 시간입니다. 본론으로 들어가기 전에 요즘 표정이 어두워 보이는데, 무슨 일 있어요?

팀원: 사실 저도 새로운 프로젝트를 해보고 싶은데 계속 기존 업무의 유지 보수만 맡아서 하고 있어서 아쉬워요.

팀장: 기존 업무의 유지 보수도 중요한 업무라는 걸 알고 있죠?

팀원: 네, 알고는 있지만 제 역량을 발휘할 기회가 더 많았으면 좋겠어요.

팀장: 그러면 기존 유지 보수 업무를 최대한 자동화해 보고, 그걸로 기술 블로그를 작성해 보는 건 어때요? 같은 고민을 하는 사람이 많을 거라서 인기 있을 것 같아요.

팀원: 그거 좋네요. 감사합니다.

이번 챕터에서는 성장이란 무엇인지, 2~3년 차 팀장이 팀원의 성장을 왜 챙겨야 하는지, 그리고 성장을 위해 어떻게 소통해야 하는지에 대해 알아보았습니다. 팀원의 성장은 기술적 성장뿐만 아니라 사회적·정서적 성장을 포함하며 이는 팀의 전반적 성과와 만족도에 큰 영향을 미칩니다.

팀원의 성장 고민을 경청하고 지원하는 것은 팀장의 중요한 역할입니다. 팀원이 직면한 문제를 이해하고 적절한 해결책을 제시함으로써 팀 전체의 발전을 도모할 수 있습니다. 지속적인 소통과 신뢰를 바탕으로 그들의 성장을 촉진하는 팀장이 되길 바랍니다.

"힘이 빠져 있어요."
힘을 넣어줄 수는 없지만

올해 팀장으로 승진한 지 3년이 된 A 팀장은 이제야 조금 숨통이 트인 느낌입니다. 업무 성과를 인정받아 또래보다 일찍 팀장으로 승진했고, 자신감이 있었습니다. 하지만 리더의 관리 업무는 실무와는 다른 차원의 도전이었습니다. 지난 3년간 A 팀장은 여러 고비를 넘기며 많은 것을 경험했습니다.

업무에 파묻혀 달려오는 동안, 특별히 말하지 않아도 알아서 잘 해주는 팀원들에게 A 팀장은 감사의 마음을 갖고 있었습니다. 특히 연차가 제일 낮은 B 대리가 지시를 잘 따르고 스스로 일을 찾는 모습을 보며 대견하게 여겼습니다. 하지만 이러한 A 팀장의 인식은 팀원들의 생각과는 괴리가 있었습니다. B 대리가 갑자기 면담을 신청하더니 퇴사 의사를 밝힌 것입니다. 그 순간 A 팀장은 무언가 크게 잘못됐다는 것을 직감합니다. 자신이 중요한 부분을 놓쳤다는 깨달음이 밀려옵니다.

한편 B 대리의 속마음은 어떨까요? 대리로 승진한 후 반년이 지난 지금, 그는 지루함을 느끼고 있습니다. 대리가 되면 중요한 일을 맡게 될 거라 기대했는데, 별반 달라진 것이 없습니다. 여전히 팀의 막내 역할을 하고 있다는 사실에 답답함을 느낍니다.

이제 일도 많이 익숙해져서 새로운 걸 해보고 싶은데 팀장님은 별다른 말이 없습니다. 하지만 이런 상황이 B 대리에게 불안감으로 다가옵니다. 같은 팀 선배들과 팀장은 무슨 중요한 일을 하고 있는 걸까 궁금하지만, 끊임없는 회의와 통화에 시달리는 그들을 보면 묻기가 어렵습니다. '내가 지금 하는 일이 의미가 있는 걸까?' '팀에서 인정받고 있는 걸까?' '경력은 제대로 쌓이는 걸까?' 이런 생각이 꼬리에 꼬리를 물며 그의 마음을 점점 더 무겁게 만듭니다. 결국 B 대리는 답답한 상황의 원인이 팀과 회사에 있다고 결론 내리고, 더 나은 환경을 찾아 떠나기로 결심합니다.

이러한 상황은 조직의 크기와 관계없이 우리 주변에서 흔히 볼 수 있는 모습입니다. 특히 처음으로 팀 관리를 맡게 된 신임 팀장은 실무와 관리 업무 사이에서 균형을 잡느라 팀원을 세심하게 살피기 어려울 수 있습니다. 팀원의 업무 수행 능력을 신뢰한 나머지, 그들이 모두 알아서 잘 해낼 것이라 치부하고 자신의 업무에만 몰두하기 쉽습니다. 팀장은 팀원을 신뢰해 구속하지 않는다고 생각하지만 팀원은 오히려 팀장이 자신에게 관심이 없고 팀에서 소외받는다고 생각할 수 있습니다. 그리고 이런 각자의 생각들이 전해지지 않고 겉으로 보이는 평화 속에서 서서히 각자의 방향대로 흘러간다면, 팀원은 의욕을 잃고 맙니다.

앤드루 카네기는 "사람들이 자신을 신뢰한다고 느끼게 하라. 그러면 그들은 여러분이 생각한 것보다 훨씬 더 나은 성과를 낼 것이다"라고 말했습니다. 팀장이 팀원을 신뢰해야 한다는 것은 여느 리더십 교육에서나 들어온 말입니다. 중요한 것은 팀원 자신이 팀장으로부터 신뢰받는다는 사실을 알게 하는 것입니다.

요즘 세대 팀원의 행동 방식이나 마음을 이해하지 못한다고 말하는 팀장이 늘어나듯, 팀원도 당연히 팀장의 속내를 이해하기 어려운 건 마찬가지입니다. 그래서 우리에게 소통이 필요합니다. '다들 알아서 잘하겠지' 하는 생각으로 겉보기에 조용히 돌아가는 팀을 긍정적으로 판단한다면, 어느 순간 의욕을 잃고 조직을 떠나려는 팀원을 마주하게 될지 모릅니다. 이는 A 팀장과 B 대리의 사례에서 잘 드러납니다.

팀원이 선배의 눈치를 보지 않고 자신의 의견을 자유롭게 표현하며, 팀을 신뢰하고 팀장을 따를 수 있게 만들려면 어떻게 해야 할까요. 무엇보다 그들이 팀 내에서 확실한 자리매김을 할 수 있도록 동기를 살피는 것이 중요합니다. 다음 섹션에서는 팀장이 어떻게 팀원의 동기를 끌어올려 성장을 도울 수 있는지를 어느 팀장의 실제 사례를 통해 소개하겠습니다.

K 팀장의 팀 운영 사례

팀장 직책을 15년 이상 수행해 온 K 팀장은 팀 운영과 소통 면에서 효과적 리더십을 보여준 사람입니다. K 팀장은 프로젝트 진행 시 세밀한 계획 수립에 많은 시간을 투자하는 것으로 유명했습니다. 이러한 성향은 업무 진행 속도를 더디게 만들 수 있었기에 신뢰할 수 있는 직원들에게 업무 일부를 위임하는 쪽으로 보완해 나갔습니다.

K 팀장은 팀원들과 수시로 프로젝트에 대해 대화를 나누었고, 이로 인해 팀원 대부분이 진행 상황을 잘 파악하고 있었습니다. 더 나아가 팀원들은 프로젝트의 완성도를 높이기 위해 서로 새로운 기술을 공부하고 공유하며 함께 성장했습니다. 함께 노력한 결과, 근속연수가 짧다고 알려진 IT 업계임에도 이 팀 직원의 평균 근속연수는 8년을 넘어섰습니다.

K 팀장의 리더십에서 두드러진 세 가지 특징은 다음과 같습니다.

첫째, 열린 소통 채널을 유지했습니다. K 팀장은 수시로 팀원 곁에 있었습니다. 프로젝트 진행 상황을 논의하는 자리뿐만 아니라, 식사 시간이나 휴식 시간에도 팀원들 및 다른 부서 직원들과 대화를 즐겼습니다. 이런 대화는 업무 이야기에서 시작해 개인 관심사, 고민거리, 미래 계획 등 다양한 주제로 확장됐습니다.

K 팀장: C 대리, 우리 잠시 커피 한잔하러 갈까? **팀장의 선제안**

C 대리: 네 괜찮습니다. 가시죠.

(탕비실 이동 후 의자에 앉으며)

K 팀장: 이번에 코엑스 전시회는 C 대리 덕분에 잘 마무리됐네. 고생 많

앉아. **성과 인정**

    C 대리: 별말씀을요. 처음 도와드리는 거라 많이 걱정됐는데 팀장님 덕분에 저도 이번에 많이 배웠습니다.

    K 팀장: 다 C 대리 실력이지 뭘. 지금 대학원에서 마케팅 배우고 있다고 했지? 대학원 수업은 어때? 업무에 도움은 많이 되는 것 같아? **팀원의 현황 공유**

    C 대리: 네, 확실히 학문적으로 먼저 접근하면서 기초를 다지고 케이스 스터디를 들어가니 인터넷이나 실무적으로만 접근하는 것과는 차이가 있었습니다. 무엇보다 제가 하는 업무 영역에 체계가 잡힌 것이 가장 좋았습니다. 그렇다 보니 시야도 넓어진 느낌이 들고요.

    K 팀장: 배운 게 업무에 도움이 되고 있다니 나도 기뻐. 아주 믿음직해. 그럼 올해 말에 있는 미국 쪽 전시회는 C 대리가 기획부터 한번 맡아보는 거 어때? 이제 C 대리라면 그 정도 능력이 충분히 갖추어진 것 같은데. **팀원의 역량 인정**

    C 대리: 네, 맡겨주시면 제가 한번 해보겠습니다.

    K 팀장: 좋아, 그럼 이번에는 C 대리만 믿고 있을게. 준비하면서 필요한 거 있으면 말해 주고.

    C 대리: 알겠습니다.

    이처럼 개방적인 소통 행태는 진행 중인 업무의 방향성과 목표를 자연스럽게 논의할 수 있는 기회를 제공했습니다. 팀원들은 자신의 생각을 더 명확하게 표현할 수 있게 됐고, 이는 개인적인 고민 시간을 줄이고 더 나은 결과물을 빠르게 만들어내는 데 도움이 됐습니다. 또한 자신의 의견이 존중받는다는 사실 자체가 팀원들로 하여금 더 좋은 아이디어를 제시하고 일에 열정을 갖게 하는 계기가 됐습니다.

둘째, 순환적 피드백을 제공했습니다. K 팀장은 프로젝트를 진행하면서 최소 세 번의 피드백 과정을 거쳤습니다. 10% 기획 단계, 30% 초안 완성 단계, 70% 중간 완성 단계에서 팀원들과 함께 결과물을 검토하며 방향성과 세부 내용을 조율했습니다. 이 과정에서 팀원은 리더급의 지식과 노하우를 빠르게 습득할 수 있었고, 점차 주도적으로 업무를 수행하게 됐습니다.

K 팀장: C 대리, 이번 미국 전시회 기획 초안 보내준 거 잘 받았네. 이걸로 1시간 후 이야기 좀 해볼까? **팀원의 시간 존중**

C 대리: 네, 1시간 후 괜찮습니다.

(1시간 후, 회의실)

K 팀장: C 대리, 우선 기획 초안 부분에서 어떤 콘셉트로 준비했는지 간략히 설명 좀 해주겠나?

C 대리: 네, 이번 전시회의 메인 키워드가 ○○이니만큼 그에 걸맞은 우리 회사의 ○○ 제품을 바이어들에게 어필하기 위해 ○○를 내세워 봤으면 하는데요.

K 팀장: 오케이, 이해했어요. 콘셉트 좋네. 그대로 해서 세부 내용 진행해 주면 되겠네. 홍보 채널은 아직 초안 단계라서 비워둔 것 같은데 혹시 생각해 둔 것 있나요? **팀원 의견 존중, 업무 피드백**

C 대리: 우선 온라인 채널 홍보는 몇 가지 생각해 둔 게 있습니다.

K 팀장: 온라인 쪽에서는 해외 바이어 대상으로 DM 보내는 것과 관련 상세 페이지 만들어둔 것 배포를 우선적으로 하고, 오프라인에서는 국내외 바이어 방문 일정이 서서히 들어오고 있으니 영업팀과 확인해서 부스 내 미팅 장소와 일정 잡아두는 걸 최우선으로 배치해 주면 좋겠네. 필요한 자료나 인력, 예산은 그만큼 반영해 주고. **업무 방향 설정**

C 대리: 네, 그렇게 준비해 보겠습니다.

K 팀장: 지금 기획대로 좀 더 세부 내용을 붙인 30% 버전은 언제 즈음 다시 볼 수 있을까? **업무 설계 위임**

C 대리: 음⋯. 1주 후 정도면 될 것 같습니다.

K 팀장: 알았네, 그럼 1주 후에 내용 채워서 다시 봅시다. **차기 업무 기한 설정**

C 대리: 네, 감사합니다.

셋째, 공개적 칭찬을 통해 팀원을 인정해 주었습니다. K 팀장은 팀원을 칭찬할 때 다른 사람들 앞에서 자주, 그리고 적극적으로 했습니다. 팀원들은 처음에는 쑥스러워했지만, 나중에는 이러한 공개적 인정이 기쁘고 감사했다고 회상했습니다.

(미국 전시회에서)

D 팀장: K 팀장님, 부스 정말 잘돼 있네요. 아까 한국에서 오신 ○○전자에서도 오셔서 감탄하고 가시더라고요.

K 팀장: 이거 다 여기 C 대리가 기획하고 진행해서 훌륭하게 세팅한 겁

니다. 전 한 거 아무것도 없어요. 그렇지 C 대리? **타인에게 팀원 칭찬**

　　C 대리: 과찬이십니다. K 팀장님이 하나하나 봐주신 거예요. 오히려 제가 따라가느라 벅찼습니다.

　　D 팀장: 하하. K 팀장님은 참 든든하시겠습니다, C 대리가 있어서.

　　K 팀장: 물론이죠, 나중에 팀 사내 충원할 때 C 대리 눈독 들이지 마세요. C 대리는 제가 키우고 있는 저희 팀원입니다. **팀원의 소속감 고취**

　　D 팀장: 그건 나중에 C 대리와 따로 상담하도록 하죠. 하하하. 여튼 C 대리, 정말 꼼꼼히 준비했다고 느껴지네요. 이렇게 내년 전시회도 기대할게요.

　　C 대리: 감사합니다. 기회가 주어진다면 내년에는 올해보다 더 잘해 보겠습니다!

　　이러한 공개적 칭찬 방식은 켄 블랜차드의 유명한 저서 《칭찬은 고래도 춤추게 한다》에서 언급된 효과적 방법으로, 개인적 칭찬보다 강한 인정감과 지속적 영향력을 가집니다. 이를 통해 팀원은 높은 소속감과 유대감을 느끼게 됐고, 이는 팀 내에서 동기부여의 중요한 촉매제 역할을 했습니다.

　　K 팀장의 사례는 리더가 개인적 성과에만 집중하기보다는 팀원과의 원활한 소통, 시의적절한 피드백, 그리고 진심 어린 인정과 칭찬을 통해 어떻게 팀원의 동기 수준을 높일 수 있는지를 잘 보여줍니다. 결국 긍정적인 분위기 조성과 지속적인 행동이 주효했음을 알 수 있는 사례라고 하겠습니다.

소통과
동기부여

우리는 종종 실제 상황에 직면하기 전까지는 근사한 계획을 가지고 있습니다. 팀장이라는 직책은 멀리서 바라볼 때는 카리스마 넘치는 커리어의 중요한 이정표처럼 보일 수 있습니다. 하지만 실제로 그 자리에 서면, 상상하던 것과는 다른 현실을 마주하게 됩니다. A 팀장의 사례에서 볼 수 있듯이, 자신의 업무에만 몰두하다 보면 팀원과 소통이 부족해져 팀 전체가 불안정해질 수 있습니다.

리더의 진정한 역할은 구성원 개인의 능력을 향상하는 것뿐만 아니라 조직 전체의 역량을 높이는 것입니다. 이는 구성원과 함께 고민하고 대화하며 더 나은 결과를 만들어가는 과정을 통해 이루어집니다. 또한 진심 어린 칭찬과 격려, 그리고 인정을 받은 팀원은 팀의 일원으로서 더 큰 소속감을 느끼고, 자신의 커리어를 위해 자발적으로 노력하는 동기를 갖게 됩니다.

K 팀장은 이러한 리더의 역할을 충실히 수행한 좋은 예입니다. 그는 팀원들과 자주 대화하며 그들의 의견을 경청하고, 이를 실제 업무에 반영하는 열린 소통을 실천했습니다. 또한 공개적으로 팀원을 칭찬함으로써, 팀원들이 자신의 가치를 인정받고 있다고 느끼게 했습니다. 이는 곧 팀원의 동기부여로 이어져, 더 큰 성과를 위해 자발적으로 노력하는 모습으로 나타났습니다.

이처럼 소통과 동기부여는 조직의 성공을 위한 필수 요소입니다. K 팀장의 사례는 리더가 팀원과 어떻게 소통하고 동기를 높이는지가 팀의 성과와 직결된다는 것을 명확히 보여줍니다. 효과적 리더는 팀원의 잠재력을 최대한 끌어내고, 그들이 조직의 목표 달성을 향해 함께 나아갈 수 있도록 지원합니다. 더불어 이러한 리더십 스타일은 단기적 성과뿐만 아니라 팀의 장기적 안정성과 성장에도 크게 기여합니다. K 팀장의 팀이 IT 업계의 평균을 크게 상회하는 8년 이상의 근속연수를 기록한 것은 이를 잘 보여줍니다.

결론적으로, 열린 소통과 적절한 동기부여는 팀원 개개인의 성장, 팀의 성과 향상, 그리고 조직 전체의 발전을 이끄는 핵심 요소입니다. 리더는 이러한 요소들을 적극적으로 실천함으로써 팀과 조직의 지속적 성공을 이끌어낼 수 있을 것입니다.

"편한 대화가 필요해요."
그래, 업무 얘기만
할 순 없지

점심 식사 후 주로 커피를 함께 마시며 잡담을 합니다.

팀원1: 다들 주말 잘 보냈어요? 저 이번 주말에 친구들이랑 캠핑 다녀왔어요.

팀원2: 캠핑이요? 재미있었겠네요! 어디로 갔어요?

팀원1: 양평 쪽으로 갔어요. 최근에 새로 지어져서 시설이 좋아요.

팀원3: 캠핑 가면 주로 뭐 해요?

팀원1: 주로 뭘 안 해요. 저녁엔 부대찌개 먹고, 밤엔 불멍하면서 마시멜로 구워 먹기도 하고요.

팀장: 캠핑 가면 무조건 고기 구워 먹는 줄 알았는데 아닌가 보네요.

팀원1: 네, 비싸기도 하고 매번 먹으면 질리기도 하고, 그래서 자주 가는 사람들은 진짜 다양하게 먹어요.

팀원2: 아침에 일어나서 마시는 모닝커피가 진짜라던데.

팀원1: 뭘 좀 아시네요. 캠핑용 커피머신이 따로 있어서 전 그거로 내려 마셔요.

심리적 안정감 아니고
심리적 안전감

처음 팀장이 됐을 때, 팀의 핵심 가치를 두 가지로 정하고 팀원들에게 이를 꼭 지켜달라고, 함께 만들어가자고 당부했습니다. 첫 번째 핵심 가치는 '공유'였고, 두 번째는 '심리적 안전감'이었습니다. 공유의 중요성은 이미 많은 분이 알고 있을 것이라 생각하기에, 이번 챕터에서는 '심리적 안전감'에 대해 이야기해 보려고 합니다.

'심리적 안전감'이라는 말을 처음 들으면, '심리적 안정감'의 오타라고 생각하는 사람이 많습니다. 하지만 이 둘은 분명히 다른 개념입니다. '심리적 안정감'은 개인이 느끼는 심리적 평온함과 안정된 상태를 의미합니다. 반면에 '심리적 안전감'은 팀원들이 자신의 생각과 의견을 자유롭게 표현할 수 있는 환경을 뜻합니다. 본인이 어떤 말을 하든지 그 말로 인해 비난이나 비판을 받지 않고 조직 안에서 안전할 거라는 믿음입니다.

심리적 안전감이 잘 형성된 환경에서는 팀원들이 새로운 아이디어를, 그리고 그에 대한 반대나 보완책을 주저하지 않고 말할 수 있습니다. 또한 실수에 대한 두려움 없이 다양한 시도를 할 수 있는 분위기가 조성됩니다. 자유롭게 의견을 나누고, 서로를 놀리며 웃을 수 있는 환경은 서로를 존중하고 배려하는 마음에서 비롯됩니다. 이러한 문화는 팀의 결속력을 강화하고, 더 나은 성과를 이루는 데 크게 기여합니다.

우리 팀은 이 핵심 가치를 잘 지켜왔고, 덕분에 편안하게 잡담을 나눌 수 있는 사이가 됐습니다. 이러한 편안한 대화는 단순히 사적 이야기를 나누는 데 그치지 않았습니다. 업무를 하며 도움을 요청할 때, 그리고 회의에서 여러 의견을 들을 때 특히 빛을 발했습니다.

심리적 안전감이
없다면

한 소프트웨어 개발팀은 매주 월요일 아침 팀 미팅을 진행합니다. 팀원들과는 비교적 편한 분위기 속에서 대화하지만 깊은 문제가 있는 의견은 잘 다뤄지지 않고 소극적인 공유만 합니다. 어느 월요일 아침, 평소와 같이 팀 미팅을 시작했습니다. 미팅 주제는 최근 프로젝트의 진행 상황 점검과 이슈 해결이었습니다.

팀장: 다들 주말 잘 보내셨나요? 이번 주는 우리 프로젝트가 중요한 단계에 들어가는데, 진행 상황을 공유해 볼까요?

팀원1: 저는 지난주에 맡은 기능은 거의 다 끝냈습니다. 문제는 없었어요.

팀원2: 저도 별다른 문제없이 잘 진행되고 있어요. 조금 더 시간이 필요할 것 같지만 큰 이슈는 없어요.

팀원3: 저도 비슷해요. 일정대로 가고 있습니다.

팀장은 팀원들의 대답에 만족하며 미팅을 마무리했습니다. 그러나 미팅 후, 팀원 2의 메신저가 울립니다. 팀원 3의 개인 메시지였습니다.

팀원3: 솔직히 지난주에 작업한 코드에 몇 가지 문제가 있었어. 그런데 미팅에서 그걸 말하기가 좀 불편했어. 다들 너무 순조롭게 진행된다고만 이야기하니까 괜히 문제를 꺼내는 게 부담스럽더라.

팀원2: 나도 그래. 사실 아까 말한 거 시간이 얼마나 더 필요한지 모르겠어. 근데 분위기 때문에 말하기 좀 그렇더라고.

미팅은 겉으로 보기에는 매우 원활하게 진행됐습니다. 팀원들은 서로 웃으며 이야기를 나누었고, 팀장도 모두의 노고를 진심으로 치하했습니다. 하지만 이러한 화기애애한 분위기 속에서도 중요한 무언가가 빠져 있었습니다. 그리고 그 결과는 단 2주 후에 나타났습니다. 예상치 못한 큰 문제가 프로젝트를 덮친 것입니다. 알고 보니 팀원들이 미리 언급했어야 할 중요한 기술적 이슈가 있었던 것입니다.

겉으로 보기에 편안한 대화를 나누고 있었지만, 실상은 달랐습니다. 팀원들은 자신의 의견이나 걱정을 솔직하게 표현하지 못하고 있었습니다. 그들은 자신의 문제를 언급하는 것이 불편하게 느껴졌고, 혹시라도 비판을 받을까 두려워했습니다. 이러한 심리적 불안감은 중요한 이슈가 미리 드러나지 않도록 만들었고, 결국 프로젝트에 큰 영향을 미치게 됐습니다.

이는 심리적 안전감이 부족한 팀에서 흔히 볼 수 있는 모습입니다. 팀원들이 자유롭게 의견을 나누고 우려 사항을 제기할 수 있는 환경이 조성되지 않으면, 겉으로는 평화로워 보이더라도 내부적으로는 큰 문제가 잠재돼 있을 수 있습니다.

심리적 안전감이
필요한 팀의 소통

심리적 안전감이 없는 팀에서는 다양한 문제가 발생하게 됩니다. 이러한 문제들은 팀의 성과와 분위기에 부정적 영향을 미치며, 장기적으로 팀의 성공을 저해합니다.

첫째, 팀원들은 자신의 의견을 자유롭게 표현하지 못합니다. 새로운 아이디어를 제안하고 싶어도 비판이 두려워 말을 하지 않게 됩니다. 예를 들어, 회의에서 팀장은 주로 자신이 주도하고, 팀원들은 수동적으로 따라가기만 하는 상황이 자주 발생합니다. 이러한 환경에서는 창의적 아이디어가 나오지 않기 때문에 팀의 혁신이 저해되고, 팀원이 자신의 의견을 표현하지 않으니 문제를 미리 발견하고 해결할 기회를 놓치게 됩니다. 이는 결국 팀의 성과를 저하시킬 뿐만 아니라 팀원들의 사기를 떨어뜨리게 됩니다.

둘째, 실수를 숨기는 문화가 형성될 수 있습니다. 프로젝트 진행 중한 팀원이 중요한 실수를 했지만 이를 인정하면 벌을 받을까 봐 숨기게 됩니다. 이러한 상황에서 나중에 이 실수가 큰 문제가 돼 프로젝트 전체에 영향을 미치게 됩니다. 실수를 조기에 발견하고 수정할 기회를 놓치게 돼 더 큰 문제로 이어지고, 이로 인해 실수로 인한 손해가 커지며, 팀 내 신뢰가 떨어지게 됩니다. 팀원들이 실수를 두려워하며 숨기는 분위기가 지속되면, 팀의 전반적인 업무 효율성과 품질이 크게 저하될 수밖에 없습니다.

셋째, 팀원의 성장 기회가 부족해지기도 합니다. 팀원이 자신의 약점이나 부족한 부분에 대해 솔직하게 말하지 못해 피드백과 지원을 받지 못하게 됩니다. 그로 인해 팀장은 팀원들의 발전을 돕기 위한 피드백을 주지 않게 돼 팀원 개인도 전문적으로 성장하지 못하게 되고, 이는 팀의 전체 역량을 낮추게 됩니다. 팀원들이 자신의 부족한 부분에 대해 솔직하게 이야기할 수 있는 환경이 조성되지 않으면, 그들이 가진 잠재력을 최대한 발휘할 수 없게 됩니다.

결과적으로, 심리적 안전감이 없는 팀은 소통 문제로 인해 다양한 어려움을 겪게 됩니다. 팀원들이 자유롭게 의견을 나누지 못하고, 실수를 숨기며, 성장의 기회를 잃는 상황이 반복되면, 팀의 성과와 분위기는 물론 장기적 성공 가능성도 크게 저하됩니다. 따라서 팀 내 심리적 안전감을 구축하는 것은 매우 중요하며, 이를 통해 팀원들이 자유롭게 소통하고 실수를 두려워하지 않으며 지속적으로 성장할 수 있는 환경을 만들어야 합니다.

심리적 안전감
형성을 위해

심리적 안전감을 갖기 위해선 팀장과 팀원 모두의 노력이 필요합니다. 다음은 심리적 안전감을 높이기 위한 구체적 방법입니다.

심리적 안전감 이해

심리적 안전감에 대해 이해하는 것은 이를 형성하기 위한 첫걸음입니다. 심리적 안전감이란 조직 구성원이 자신의 솔직한 의견을 제시하거나 부족한 점을 드러내도 무시나 불이익을 받지 않을 것이라는 믿음을 의미합니다. 이는 단순한 개념이 아니라 팀의 성과와 직결되는 중요한 요소입니다. 팀원들이 자유롭게 의견을 제시할 수 있는 환경에서는 창의적이고 혁신적 아이디어가 많이 나오며, 이는 조직의 발전에 큰 도움이 됩니다.

실수에 대한 포용

실수를 비난하기보다는 이를 학습의 기회로 삼고 실수를 통해 배운 점을 공유합니다. 의도적으로, 일부러 실수하는 사람은 없습니다. 실수한 사람은 실수한 점을 공유하면서 반성하고 재발을 방지하며, 공유받은 사람은 타산지석으로 삼아 본인의 성장에 도움이 되도록 해야 합니다.

의견 존중과 경청

의견 존중과 경청은 심리적 안전감 형성에 필수적 요소입니다. 조직 구성원은 자신의 의견이 존중받고 있다고 느낄 때 더 적극적으로 참여하고 조직의 성공에 기여할 수 있습니다. 여기서 경청은 단순히 듣는 것에 그치지 않습니다. 상대방의 말을 이해하고 받아들이거나 공감하는 것을 의미합니다. 이러한 태도는 팀 내 신뢰를 형성하는 데 큰 도움이 됩니다.

열린 소통의 장려

'고기도 먹어본 사람이 많이 먹는다'는 속담처럼, 자유롭게 의견을 나누고 협력할 수 있는 환경을 조성해야 합니다. 중요한 정보를 투명하게 공유하고, 의사결정 과정에 팀원들을 참여시켜야 합니다. 이는 팀원들이 자신이 팀의 중요한 부분임을 느끼게 하고 본인의 영향력을 확인하며 자기효능감을 높일 수 있게 합니다. 정기 회의나 브레인스토밍 세션을 개최해서 모든 팀원이 발언할 수 있는 기회를 제공하는 것도 좋은 방법입니다.

긍정적 조직문화 조성

팀원들의 성과를 인정하고, 긍정적 피드백을 자주 제공합니다. 이는 팀원들이 자신의 노력이 인정받고 있다고 느끼게 하여, 더 열정적으로 일할 수 있게 합니다. 팀장과 팀원 모두가 함께 노력해 심리적 안전감을 유지하는 것이 중요합니다. 이는 단순한 목표가 아니라 지속적 실천과 개선이 필요한 과정입니다. 심리적 안전감을 중요하게 생각하고 이를 위해 적극적으로 노력한다면 더 나은 팀을 만들어나갈 수 있을 것입니다.

PART

3

2~3년 차 팀장의

소통 솔루션

잘 듣는다…
소통 시작은 경청

팀장 A는 최근 팀원들과 일대일 미팅을 진행하고 있습니다. 그중 팀원 B와 나눈 대화를 살펴볼까요?

팀장 A: 요즘 업무는 좀 어때요? 할 만해요?

팀원 B: 네, 뭐… 괜찮습니다.

팀장 A: 혹시 어려운 점이나 고민은 없고요?

팀원 B: 음… 열심히 한다고 하는데 제가 업무를 빠르게 쳐내지 못하는 것 같아 걱정이에요.

팀장 A: 처음에는 누구나 그래요. 저도 예전에 비슷한 경험이 있어요.

시간이 지나면 괜찮아질 거예요.

　　팀원 B: 아… 그래도 혹시 제가 너무 늦는 건 아닌지… 다른 팀원들 눈치도 보이고….

　　팀장 A: (말을 끊으며) 아이고~~ 괜찮아요. 우리 팀에 그런 거로 눈치 주는 사람 아무도 없어요! 별걸 다 눈치 본다. 그 밖에 다른 힘든 점은 없고요?

　　팀원 B: 네, 제가 너무 예민했나 봅니다. 그 외 힘든 점은 없습니다. 감사합니다.

　　팀장은 이 대화 후 모든 것이 잘 해결됐다고 생각했습니다. 하지만 얼마 지나지 않아 팀원이 갑자기 사직 의사를 밝힙니다.

　　팀원 B: 팀장님, 저 회사를 그만두고 싶습니다.

　　팀장 A: 네? 갑자기 왜요?

　　팀원 B: 원래부터 지금 하는 업무가 저와 잘 맞는지 고민하고 있었어요. 지금은 많이 지쳤고, 쉬면서 새로운 길을 찾아보려고 합니다.

　　팀장 A: 아니, 얼마 전에 대화했을 때는 잘 적응하고 있다고 하지 않았나요?

　　팀원 B: 죄송합니다.

대화가
곧 소통은 아니다

　　팀장은 큰 충격을 받았습니다. 얼마 전까지 아무 문제없다고 말하던 팀원이 갑자기 사직 의사를 밝힌 것입니다. '왜 팀원들은 내 질문에 솔직하게 대답하지 않는 걸까?' 팀장 A는 혼란스러웠습니다.

이런 상황은 2~3년 차 팀장이 자주 겪는 일입니다. 세심하게 돌보고 대화도 나눴다고 생각했는데, 팀원들의 진짜 속마음을 알기가 어렵죠. 실제로 조직 내 의사소통 장애는 흔한 일이며, 특히 직속 상사와 팀원 사이에서 많이 발생합니다. 의사소통 장애의 주요 원인은 '상대의 이야기를 제대로 듣지 않고 자신의 얘기만 하거나, 대화 후에도 변화가 없기 때문'입니다.

팀원들과 자주 만나고 대화한다고 해서 의사소통 문제가 개선되는 것은 아닙니다. 원활한 소통의 시작은 경청입니다. 그러나 잘 듣는다는 것은 단순히 팀원의 말을 듣는 것을 넘어, 말하지 않는 것까지 이해하는 능력입니다.

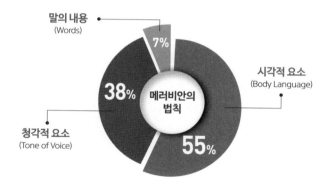

메러비안(Albert Mehrabian)의 법칙에 따르면, 사람 간의 의사소통에서 언어적 요소의 중요성은 7%에 불과하고, 청각적 요소는 38%, 시각적 요소

는 55%를 차지한다고 합니다. 즉 우리가 말이나 글을 통해 전달하는 것은 실제로 말하고자 하는 것의 빙산의 일각이라는 겁니다.

예를 들어, 팀원이 '일이 많아 힘들다'고 할 때, 이는 단순한 불평이 아닐 수 있습니다. '칭찬해 주세요' '인정받고 싶어요' '위로가 필요해요' '보상이 필요해요' '조금 쉬고 싶어요' 등의 의미를 내포할 수 있죠. 따라서 팀원의 진짜 메시지를 파악하려면 말투, 어조, 표정, 제스처 등 비언어적 요소도 주의 깊게 살펴야 합니다.

경청에도
'급'이 있다

경청에는 여러 수준이 있습니다. 가장 낮은 수준은 '배우자 경청'입니다. 이는 다른 일을 하면서 건성으로 듣거나 상대의 말을 중간에 가로막는 것을 말합니다. 부부간의 대화나 연인 간의 말다툼을 떠올려 보면 쉽게 이해할 수 있을 겁니다.

그다음은 '수동적 경청'입니다. 이는 상대에게 집중하지 않고 공감도 하지 않으며 그냥 말하도록 내버려두는 것을 말합니다. 상사에게 업무 보고를 하러 갔는데, 상사가 여러분과 눈도 마주치지 않고 노트북만 보면서 듣는 모습을 상상해 보세요.

마지막으로 '적극적 경청'이 있습니다. 이는 말하는 사람에게 온전히 주의를 기울이고, 말 이면의 감정, 의도, 욕구까지 듣는 것입니다. 또한 상대를 판단하지 않고 공감하며 듣는 '상대방 위주의 경청'을 말합니다.

  팀원 B와 일대일 미팅 상황을 다시 살펴보며, 적극적 경청을 적용해 봅시다.

  팀장 A: 요즘 업무는 어떠세요? 괜찮나요?

  팀원 B: (잠시 고민하다가) 네, 뭐… 괜찮습니다.

  팀장 A: 음, 조금 고민하는 것 같네요. 혹시 얘기하고 싶은 게 있다면 들 어볼게요.

  팀원 B: (머뭇거리며) 아… 제가 요즘 잘하고 있는 건지 모르겠어요.

  팀장 A: 그렇게 생각하는 이유를 좀 더 자세히 말해 줄 수 있어요?

  팀원 B: (주눅 든 표정으로) 저 나름대로 최선을 다한다고는 하는데, 업 무를 빠르게 처리하지 못하는 것 같아 걱정이에요.

  팀장 A: (팀원의 표정을 살피며) 업무 속도가 고민이었군요. 처음부터 빠 르게 하기는 쉽지 않죠. 그래도 최선을 다해 따라오려고 노력하는 모습이 보기 좋습니다. 업무하는 것을 살펴보니까 처음엔 느려도 피드백 드린 부 분은 두 번 실수가 없더라고요. 그리고 한번 이해한 업무는 제법 빠르게 해 내는 것 같던데요? 너무 조바심 내지 말고 여유를 가져도 좋을 것 같아요.

  팀원 B: 정말 그런가요? 다들 바빠 보이고 제가 빨리 한 사람 몫을 해 내야 한다는 압박감에… 최근엔 이게 내 적성에 맞나 하는 생각도 들더 라고요.

  팀장 A: (공감하며) 그렇게 생각할 만하네요. 하지만 B 님 때문에 다른 팀원들이 바빠진 건 아니니 미안해하지 않아도 돼요. 오히려 데이터 정리

등을 도와줘서 저도 한결 수월해졌어요.

팀원 B: (밝아진 표정으로) 정말 그렇게 생각하시나요?

팀장 A: 물론이죠! B 님이 빨리 잘 해내려고 조바심 내기보다는, 지금처럼 하나하나 제대로 배워서 업무에 잘 적응했으면 좋겠어요. 그 과정에서 저나 팀원들에게 많이 물어보시고요.

팀원 B: (안정된 목소리로) 감사합니다. 사실 이 팀에 와서 정말 다행이라고 생각해요. 많이 배우고 있거든요. 아직 부족하지만 열심히 해볼게요.

팀장 A: 그렇게 말해 줘서 고마워요.

팀원 B: (한결 가벼워진 목소리로) 혹시, 지금처럼 제가 고민이 있을 때 상담 요청드려도 될까요?

팀장 A: 당연하죠! 언제든지요!

경청은
훈련된다

경청을 잘하기 위해서는 높은 지식 수준이 필요한 게 아닙니다. 지속적 훈련이 필요합니다. 적극적 경청을 위한 방법을 소개해 드릴 테니, 최대한 의식적으로 노력해 보세요.

적극적 경청 방법

- 대화의 상대에게 주의를 집중합니다. 노트북을 한다거나 시선을 다

른 곳에 두는 등 다른 행동을 하지 않습니다.

- 상대의 말을 도중에 끊고 내가 하고 싶은 말을 하지 않도록 주의합니다. 성급한 가정이나 판단을 자제합니다.

- 상대의 말을 들으면서 여러분의 대답을 미리 준비하지 마세요. 상대의 진짜 의도를 파악하는 데 집중하세요.

- 상대가 진짜 하고 싶은 말을 이끌어내거나 대화가 진전될 수 있도록 적절한 질문을 합니다.

- 공감하되 중립적 자세를 유지하세요. 편안한 분위기를 만들어 상대방이 마음을 열 수 있게 해주세요.

- 경청하는 자세를 취합니다. (LENS 경청)

  Leaning : 몸은 상대를 향해
  Eye Contact : 눈을 맞추고
  Nodding : 고개를 끄덕이며
  Saying : 내가 이해한 바를 확인 (반복, 반영)

팀원들과 경청 실습해 보기

- 팀원들을 두 명씩 짝지어 주제를 정해 자유롭게 이야기하게 합니다. (3~5분)

- A가 먼저 말하고 B는 메모 없이 경청합니다.

- B는 들은 내용을 바탕으로 A의 이야기를 요약해 말합니다. (2~3분)

- A는 B의 요약이 자신의 의도와 맞는지 피드백합니다.

- B도 느낀 점과 배운 점을 공유합니다.

• 역할을 바꿔 같은 과정을 반복합니다.

사실 경청 능력을 향상하는 것이 쉬운 일은 아닙니다. 특히 바쁜 업무 환경에서 팀원의 이야기를 끝까지 듣는 것이 어려울 수 있습니다. 또한 자신의 경험이나 의견을 즉시 말하고 싶은 충동을 참는 것도 쉽지 않습니다. 하지만 이러한 어려움을 극복하고 꾸준히 노력한다면, 결국 더 나은 팀 리더가 될 수 있을 것입니다.

잘 듣는다···
들으면서 공감

어느 회사의 주간 회의에서 흥미로운 토론이 벌어졌습니다. A 팀원이 새로운 마케팅 전략을 제안했죠.

"최근 시장조사를 보니 우리 주요 고객층이 소셜미디어를 많이 쓰더라고요. 그래서 소셜미디어 중심의 마케팅 캠페인을 해보면 어떨까 합니다."

B 팀장이 고개를 갸웃하며 물었습니다.

"그건 누구나 생각할 수 있는데, 좀 더 구체적 아이디어는 없나요?"

A 팀원이 이어서 답했습니다.

"네, 예를 들어 인플루언서와 협업해서 제품 리뷰를 올리고, 고객 참여형 이벤트로 입소문을 내볼 수 있습니다. 이렇게 하면 인지도도 높이고 판매도 늘릴 수 있을 거예요. 다른 회사들의 성공 사례를 보면⋯."

B 팀장은 회의를 마무리하며 말했습니다.

"A 팀원의 아이디어에 동의합니다. 다음 주까지 계획을 좀 더 구체화해 주세요."

여기서 주목할 점이 있습니다. B 팀장이 '동의'라는 단어를 썼다는 거죠. 흔히 '공감'과 '동의'를 혼동하는 경우가 많은데, 이 상황에서는 '동의'가 맞습니다. B 팀장은 A 팀원의 감정을 이해한 게 아니라, 그의 아이디어를 지지한 거니까요.

'틀리다'와 '다르다'를 구분하듯, '공감'과 '동의'도 구별해 써야 합니다. 요즘 공감 능력이 중요해지면서 '동의'할 자리에 '공감'을 쓰는 경우가 늘고 있어요.

공감과
동의

공감은 다른 사람의 감정이나 경험을 함께 느끼는 겁니다. 예를 들면 "친구의 기쁜 소식에 나도 정말 기뻤어"처럼 말이죠. 반면 동의는 어떤 의견에 찬성하는 걸 뜻합니다. "그 의견에 동의해요. 우리 팀에 도움 될 것 같아요"라고 말하는 식이죠.

공감의 문장 예시입니다.

- 당신의 상실에 깊이 공감합니다. 힘든 시간을 보내고 있군요.
- 친구의 기쁜 소식을 듣고 나도 정말 기뻤어.
- 그의 이야기를 듣고 나도 눈물이 났어. 정말 감동적이었어.
- 당신의 어려운 상황에 대해 많이 생각해 봤고, 정말 이해합니다.
- 그가 왜 그렇게 화가 났는지 이제 이해해. 나도 같은 입장이라면 그 랬을 거야.

동의의 문장 예시입니다.

- 그 의견에 동의합니다. 우리 팀에 큰 도움이 될 것 같아요.
- 당신의 제안이 타당하고 생각해요. 찬성합니다.
- 그의 설명을 듣고 나니, 이제 그 결론에 동의할 수 있어요.
- 당신의 계획이 현실적이라고 판단합니다. 저는 찬성합니다.
- 그 전략이 효과적일 거라고 생각해요. 저도 그 방식으로 가는 게 좋 겠습니다.

공감과 함께 정확한 의미를 알아야 하는 단어로는 동정과 동감이 있습니다. 아래에 네 단어의 차이를 정리했습니다.

공감	**한자 의미:** 함께할 공(共), 느낄 감(感) **정의:** 다른 사람의 감정이나 경험을 이해하고, 그것을 함께 느끼는 능력 **특징:** 상대방의 감정을 이해하고 공유함 **예시:** 친구가 슬퍼할 때 함께 슬퍼하며 그 감정을 이해하는 것

동의	한자 의미: 같을 동(同), 뜻 의(意) 정의: 어떤 의견이나 주장에 찬성하거나 그것이 옳다고 인정하는 것 특징: 감정보다는 이성적 판단에 기반함 예시: 회의에서 제안된 아이디어가 좋다고 생각하고 찬성하는 것
동감	한자 의미: 같을 동(同), 느낄 감(感) 정의: 특정한 상황이나 의견에 대해 같은 감정을 느끼는 것 특징: 비슷한 상황이나 의견에 대해 같은 감정을 공유함 예시: 같은 영화를 보고 비슷한 감동을 느끼는 것
동정	한자 의미: 같을 동(同), 뜻 정(情) 정의: 다른 사람의 고통이나 어려움을 보고 불쌍하게 여기고 도와주고 싶어 하는 마음 특징: 상대방의 고통에 대해 연민을 느끼며 그들에게 도움을 주고자 함 예시: 어려운 처지에 있는 사람을 보고 도움을 주고 싶어 하는 것

2~3년 차 팀장의 상황

팀장으로서 공감은 매우 중요한 요소입니다. 특히 2~3년 차 팀장들에게 더욱 그렇죠. 아직 경험이 부족해 팀원들과 관계를 맺고 팀을 이끄는 데 어려움을 겪을 수 있거든요. 공감은 이런 난관을 극복하고 팀을 성공으로 이끄는 데 큰 도움이 됩니다.

팀원은 자신의 감정과 경험이 이해받고 있다고 느낄 때, 팀장에게 신뢰를 갖게 됩니다. 예를 들어, 팀원이 프로젝트의 압박감으로 인해 스트레스를 받는 상황에서 팀장이 그들의 감정을 이해하고 지원을 아끼지 않는다면 팀장을 신뢰하게 됩니다. 신뢰가 쌓이면 팀원은 더 열심히 일하며 팀의 목표를 달성하기 위해 협력하게 됩니다.

갈등 해결에도 공감이 큰 역할을 합니다. 팀 내 갈등은 언제든 일어날 수 있습니다. 두 팀원이 의견 차이로 다툴 때, 팀장이 양쪽의 감정을 이해하고 중재하면 모두가 만족할 만한 해결책을 찾는 것이 비교적 수월합니다. 공감적 접근은 오히려 감정적 반응을 줄이고 이성적 문제 해결에 집중하게 만듭니다. 이는 팀의 긴장을 풀고 더 나은 협력과 소통을 이끌어 냅니다.

공감은 팀원들의 동기와 참여도를 높여줍니다. 팀장이 자신의 감정과 노력을 이해한다고 느낄 때 팀원들은 더 열정적으로 일하게 됩니다. 성과가 좋지 않은 팀원도 공감적으로 대하며 지지해 주면 더 열심히 노력할 수 있습니다. 이처럼 팀 전체의 생산성과 창의성을 높이고, 나아가 주인의식과 책임감도 키워줄 수 있습니다.

이런 이유로 2~3년 차 팀장에게 공감은 특히 중요한 덕목입니다. 팀원과 신뢰 형성, 갈등 해결, 참여도 향상에 큰 도움이 되기 때문이죠. 쉽지 않은 일이지만 상대의 말과 행동, 감정에 공감해 보려는 노력을 꾸준히 기울여 팀원들을 이해하고 돕는다면 지속 가능한 성장을 이루는 팀을 만들 수 있을 것입니다.

공감의
형태

공감은 단순히 남의 감정을 이해하는 것 이상입니다. 여러 형태로 나타날 수 있습니다. 상황에 따라 다른 형태의 공감이 필요하고, 이를 이해하면 더 효과적으로 공감할 수 있습니다. 공감의 주요 형태로는 정서적 공감, 인지적 공감, 행동적 공감 등이 있습니다.

정서적 공감은 다른 사람의 감정을 함께 느끼는 능력입니다. 상대방의 감정을 직접 느끼고 표현하는 것이죠. 친구가 기뻐할 때 함께 기뻐하는 것처럼요. 이런 정서적 공감은 감정적 유대를 강화하고 깊은 관계를 만드는 데 중요합니다. 잘하기 위해선 몇 가지 방법이 필요합니다.

적극적 경청은 정서적 공감의 핵심입니다. 상대방의 말을 잘 듣고 이해하고 있다는 걸 보여주는 것이죠. 눈 맞춤, 고개 끄덕임, 적절한 반응 등이 여기에 해당합니다. "당신 말씀 잘 듣고 있어요. 중요한 이야기네요"라고 말하며 경청하는 것도 좋은 예가 됩니다.

아울러 반영적 경청이 중요합니다. 상대방의 말을 다시 정리해서 말함으로써 그들의 감정을 이해하고 있다는 걸 확인하는 것입니다. "말씀하신 내용이 이거 맞나요?"라고 물어보는 식입니다. "지금 불안하다고 느끼시는 건가요?"라고 물어보는 것도 바람직합니다.

비언어적 소통도 잊지 말아야 합니다. 표정, 몸짓, 자세 등으로 공감을 표현하는 것입니다. 따뜻한 미소, 열린 자세, 적절한 거리 유지 등이 여기에 해당하는데, 예를 들어 따뜻한 눈빛과 미소로 상대방의 말을 듣는 것이 좋은 방법입니다.

인지적 공감은 다른 사람의 관점이나 생각을 이해하는 능력입니다. 상대방의 처지에서 상황을 보고 그들의 생각을 논리적으로 이해하는 것입니다. 팀원의 처지를 이해하고 그에 맞게 대응하는 게 인지적 공감의 예인데, 이것도 잘하기 위해선 몇 가지 방법이 필요합니다.

1. 역지사지의 자세가 중요하다

다른 사람의 입장에서 상황을 이해하려고 노력하는 것입니다. '팀원이 이런 상황이라면 어떻게 느낄까?'라고 자문해 보는 것이 좋습니다. '과거 내가 팀원이었을 때라면 어떻게 생각했을까?' 하고 생각해 보는 것도 도움이 됩니다.

2. 질문이 효과적이다

상대방의 생각과 감정을 더 잘 이해하기 위해 물어보는 겁니다. "이 문제에 대해 어떻게 생각하세요?" 같은 질문이 도움이 됩니다. "왜 그렇게 느꼈나요?"라고 물어보는 것도 좋습니다. 부드럽고 온화한 질문 태도가 요구됩니다.

3. 더블 체크가 중요하다

상대방의 생각과 감정을 다시 한번 확인하는 것입니다. "제가 이해한

게 맞나요?" "이렇게 이해해도 될까요?"라고 물어보는 식이 될 수 있습니다. 이런 재확인 질문으로 더 깊이 공감할 수 있습니다.

행동적 공감은 공감을 행동으로 옮기는 것입니다. 상대방의 필요를 이해하고 실제로 도움을 주는 것까지 포함합니다. 이것도 잘하기 위해선 몇 가지 방법이 필요합니다.

1. 직접적 도움 제공이 중요하다

상대방의 필요를 이해하고 실질적 도움을 주는 것입니다. "필요한 게 있으면 말씀해 주세요. 꼭 도와드리겠습니다"라고 말하고 실제로 돕기 위해 행동에 나서는 겁니다. 필요한 자원을 제공하거나 도움을 줄 만한 사람을 소개해 줄 수도 있습니다.

2. 지지를 직접 표현하는 것이 중요하다

상대방에게 지지와 격려의 말을 전하는 것입니다. "힘들 때 제가 도와드릴게요" "새로운 프로젝트라 힘드셨을 텐데 고생하셨어요"라고 말하는 게 좋은 사례입니다. "제가 도와드릴 게 있을까요?" "제가 있으니 걱정 마세요"라고 말하는 것도 권장할 만합니다.

3. 새로운 대안을 함께 찾습니다

특정 이슈나 문제로 어려움을 겪고 있다면 추후 유사한 상황이 발생할 수 있음을 서로 인지해야 합니다. "앞으로 어떻게 대응하면 좋을까요?" "후배들을 위해서 우리가 함께 고민할 부분은 무엇일까요?"라고 묻는다면 공감이 일대일 관계를 넘어서서 확산된다는 것을 느낄 수 있을 겁니다.

말하게 한다…
귀하게 인정

"인간에 대한 존중은 두려움에서 나옵니다." 이는 노동자의 인권을 다룬 유명 웹툰 〈송곳〉에 나오는 말입니다. 열악한 환경에서 회사 측에 무시당하면서도 아무 말 못 하는 노동자들을 향해, 왜 존중받기 위해 두려운 존재가 돼야 하는지, 왜 노동조합이 필요한지를 설명합니다.

회사에서도 성격이 강하고 목소리가 큰 사람 앞에서는 상대방이 눈치를 보며 조심스럽게 행동하는 모습을 볼 수 있죠. 언뜻 보면 그 사람을 '존중'하는 것처럼 보입니다. 그의 의견에 반대하는 사람도 없어서 그의 부서가 추진하는 일은 늘 순조롭게 진행되는 것 같고, 효율 면에서 보면 이상적 조직으로 비칠 수도 있습니다. 하지만 이 책을 읽는 여러분이 바라는 조직의 모습은 그렇지 않을 겁니다.

두려움 없이 상대를 존중하고 건강한 조직을 만들기 위한 첫 단계는 상대를 인정하는 것입니다. 인정이란 특정한 성과나 능력, 기여를 알아보고 평가하는 행동입니다. 업무적으로 잘 맞는 직원들은 서로의 능력을 인정하고 인간적으로 존중하는 모습을 보입니다. 그들은 성별이나 나이, 배경에 상관없이 서로 터놓고 대화합니다. 이런 특징은 타고날 수도 있지만 배우고 익힐 수도 있습니다.

팀장 입장에서 보면, 왠지 대하기가 조심스러워 소통이 어려운 팀원이 있을 수 있습니다. 성별·지역·성격·경험·교육 수준 등 여러 이유가 있겠지만, 흔히 볼 수 있는 원인 중 하나는 '나이'입니다. 세대 간 정보 차이로 인해 옛 방식을 고수하는 팀장과 요즘 젊은 팀원의 조합은 이제 흔한 이야기가 됐고, 창업이 활발해지면서 젊은 팀장과 나이 많은 팀원의 조합도 많이 생겼습니다.

업무 조직은 평등을 추구하지만, 우리 사회에는 아직 유교적 요소가 남아 있어 나이를 완전히 무시하긴 어렵습니다. 이런 점 때문에 조직 내에서 업무적으로 소통하는 과정이 원활하지 않을 수 있죠. 그래서 팀원을 통제하기 위해 두려움을 앞세워 무조건적 복종을 요구하는 건 바람직하지 않습니다. 그들은 조직에서 자신이 존중받지 못한다고 느끼고, 조직을 떠날 준비를 할 테니까요. 그렇다면 진정한 인정과 존중을 바탕으로 이들과 어떻게 소통해야 할까요?

나이 어린 저연차 팀원을 대할 때는 명확하고 구체적 지침을 주고, 실제 예시를 들어 피드백을 주는 게 중요합니다. 계속해서 지원하고 조언해 주면서 그들이 조직에서 해내야 할 어려움을 느낄 때 도움을 받을 수 있게 하고, 작은 성과도 크게 칭찬해 자신감을 북돋아 주세요. 그들과 자주 소통하고, 그들의 의견을 진지하게 듣고 반영하려고 노력하는 것도 중요합니다. 모두를 포용하는 팀 문화를 만들어 팀원들이 잘 적응할 수 있게 하고, 명확한 역할과 책임을 주면 그들이 자신의 역할을 이해하고 수행할 수 있게 됩니다.

나이 많은 고연차 팀원들에게는 그들의 경험과 전문성을 존중하고 귀 기울이는 자세가 필요합니다. 피드백을 줄 때는 좋은 점과 개선할 점을 균형 있게 이야기하며, 명확하고 겸손하게 소통해야 합니다. 또한 그들이 팀이나 기존에 이룬 성과와 기여를 공정하게 인정하는 것도 그들의 적극적인 참여를 이끌어낼 수 있습니다. 항상 예의 바르고 존중하는 태도를 유지하며, 감사 인사를 자주 전하는 것도 중요합니다.

하나의 예시로 나이와 경험에 대한 인정을 바탕으로 그들을 어떻게 대해야 할지 알아보았습니다. 바람직한 인간에 대한 존중은 인정에서 나옵니다. 상대방을 이해하고 인정하지 않으면 단순히 두려움이나 격식에 따라 상대를 대하게 됩니다. 이는 겉으로만 인정하는 척하며, 진정한 존중으로 이어지지 못합니다. 선배급 팀원들과 충돌로 어려움을 겪고 있는 여러 팀장들은 대부분 그들을 마음속으로 인정하지 않고 있었습니다. 그러니 스스로 내적 갈등을 겪으며 문제를 키워갔던 겁니다.

존중을 끌어내는
소통 방법 다섯 가지

팀원을 인정하고 존중하기 위한 첫걸음을 뗐습니다. 대하기 어려운 팀원들과 어떻게 협력할 수 있을지에 대해서도 조금 알아보았죠. 이를 어떻게 전반적으로 활용할 수 있을까요? 우리가 일상적으로 사용하는 소통 방법 두 가지, 말로 표현하는 방법과 글로 표현하는 방법으로 다섯 가지 유용한 팁을 제안합니다.

#1 말로 표현하기 **감사의 말**

팀원들에게 고마움을 표현할 상황은 언제나 있습니다. 고마움을 표현할 말도 많습니다. 마음속으로만 생각하지 말고 말로 전해 보세요. 팀장이 감사하게 생각하고 있다는 걸 팀원에게 알려주세요.

예시

A 팀장: B 사원, 이번 프로젝트 정말 고생 많았어요. 덕분에 좋은 결과를 낼 수 있었어요.

B 사원: 과찬입니다, 팀장님. 팀원들 모두 다 같이 이룬 성과인 걸요.

A 팀장: 덕분에 팀 분위기도 훨씬 좋아졌어요.

B 사원: 별말씀을요, 팀장님이 잘 이끌어주셔서 가능한 일이었습니다.

A 팀장: 그래도 B 사원의 공헌이 컸어요. 덕분에 저도 힘이 납니다.

B 사원: 그렇게 말씀해 주시니 더 열심히 해야겠네요. 감사합니다!

팀원의 성과를 인정해 주고 더 큰 성과를 이룰 수 있도록 칭찬해 주세요. 구체적으로 어떤 부분에서 뛰어났는지 알려주면 더욱 좋습니다. 칭찬은 팀원이 해온 일을 다시 한번 돌아보고 다음에 더 좋은 결과를 내는 원동력이 됩니다.

예시

A 팀장: B 사원, 이번에 준비해 준 자료 정말 잘 봤어요. 목표치가 아주 명확하게 드러나 있어서 이해하기 쉬웠어요.

B 사원: 감사합니다, 팀장님. 말씀처럼 목표를 명확히 전달하려고 신경 썼는데 알아봐 주셔서 감사합니다.

A 팀장: 그리고 준비 사항을 미리 알려줘서 덕분에 일정에 여유가 생겼어요. 정말 큰 도움이 돼요.

B 사원: 그렇게 말씀해 주시니 보람이 있네요. 앞으로도 더 신경 써서 준비하겠습니다.

A 팀장: 기대하겠습니다. 이렇게 계속 좋은 성과를 내주면 팀 전체가 더 잘될 것 같아요.

B 사원: 감사합니다. 앞으로 잘 해내겠습니다!

팀장이 말하는 타이밍을 한 박자 늦추고 팀원의 말을 듣는 것도 중요한 소통입니다. 우리나라 말은 문법 구조상 끝까지 들어봐야 진정한 의미를 파악할 수 있는 때가 많습니다. 팀원이 하고 싶은 말을 들어주며 어떤 의미로 말하는지 정확히 파악한 후 피드백을 해봅시다. 팀원의 말을 경청하며 잘 들어주는 것이 소통의 첫걸음입니다.

예시

B 사원: 팀장님, 이번 프로젝트에서 조금 어려웠던 부분이 있어서 말씀드리고 싶습니다.

A 팀장: 그래요? 어떤 부분인지 이야기해 주세요.

B 사원: 중간에 일정이 조금 타이트해지면서 팀원들이 부담을 느끼는 것 같았습니다. 조금 더 여유 있게 진행할 수 있을지 고민하고 있어요.

A 팀장: 이해했습니다. 우리 팀 안건도 많은데 지금 다른 팀 협조 사항까지 들어오니 조금 힘겨워졌죠? 일정 조정할 수 있는지 검토해 볼게요. 혹시 다른 사항도 있나요?

B 사원: 네, 사실 일정도 일정이지만 ○○팀 C 팀장님이 협조 안건에 대해 수시로 피드백을 원하셔서 거기에 시간을 많이 뺏기고 있습니다.

A팀장: 그럼 피드백에 시간을 많이 뺏겨서 일정에 무리가 가고 있는 거네요? 알겠습니다. 그럼 단순히 일정을 조정하는 게 아니라 피드백 부담을 덜 수 있도록 C 팀장님과 이야기해 볼게요.

B사원: 네. 감사합니다!

#4 말로 표현하기 **편지/이메일로 전하기**

상대에게 개인적으로 보내는 글은 오랜 전통을 가진 소통 방식입니다.

이제는 이메일 형태로 바뀌었지만 그 의미는 여전히 중요하고 예의가 담긴 방식입니다. 말로 하기 어색하다면, 좀 더 고민하며 마음을 담은 글로 감사와 격려를 전해 보세요.

예시

B 사원, 이번 프로젝트를 성공적으로 마칠 때까지 B 사원이 보여준 노력과 성과에 깊이 감사드립니다. 특히 우리 제안 발표를 앞두고 준비해 준 자료와 일정 관리에서 탁월한 역량을 발휘해 주었습니다. 덕분에 이번 프로젝트도 원활하게 진행될 수 있었습니다.

B 사원의 세심한 준비와 성실한 태도는 우리 팀 내에서도 높이 평가하고 있습니다. 앞으로도 계속해서 좋은 성과와 함께 성장해 나가길 기대합니다.

감사합니다. **A 팀장 드림**

#5 말로 표현하기 | **메시지로 전하기**

아직 편지가 부담스럽다면 좀 더 짧은 문자메시지나 사내 메신저를 이용해도 좋습니다. 가볍게 지나가는 말로 부담 없이 인사와 감사, 격려를 전해 보세요. 스팸 메시지와 택배 문자 사이에서 팀장의 글귀는 유난히 빛날 겁니다.

예시

B 사원, 이번 프로젝트 정말 수고 많았어요! 특히 제안 발표 준비와 일정 관리에서 큰 도움이 됐어요. 우리 팀에서도 B 사원의 세심한 준비와 성

실한 태도를 다들 높이 평가하고 있어요. 앞으로도 좋은 성과 기대할게요.

_A 팀장

그 밖에도 팀원을 인정하고 존중하는 방법은 아래와 같이 추가할 수 있습니다.

- 사내 게시판이나 뉴스레터를 이용해서 팀원의 성과를 공개적으로 칭찬하기
- 팀 미팅이나 상급 부서 회의 때 팀원의 성과를 공유하기
- 자신의 의견 제시보다 팀원의 의견을 먼저 청취하기

존중을 바탕으로 한 소통은 조직 내에서 서로 신뢰를 쌓게 합니다. 모든 팀원이 자신의 가치를 인정받는다고 느낄 때, 그들은 더 큰 동기와 열정을 가지고 일하게 됩니다. 다섯 가지 소통 방법과 함께 성장하고 발전하는 조직을 만들어나가길 바랍니다.

말하게 한다…
돕기 위한 질문

2010년 11월 11일, 서울에서 열린 G20 정상회의. 그날의 기자회견은 14년이 지난 지금도 많은 이들의 기억에 남아 있습니다. 이 사건은 질문하지 않는 한국 사회의 모습을 돌아보게 만든 중요한 계기가 됐습니다.

당시 미국 대통령 버락 오바마는 여러 국가 정상과 회담을 마치고 기자회견장에 섰습니다. 한국에서 열린 행사인 만큼, 오바마 대통령은 한국 기자들에게 첫 질문의 기회를 주려 했습니다. 이는 분명 주최국에 대한 배려였고, 존중의 의미를 담은 제스처였죠.

하지만 뜻밖의 일이 벌어졌습니다. 아무도 질문하지 않는 것입니다.

몇 초간 정적이 흐르자 오바마 대통령이 웃으며 물었습니다. "질문 없습니까?" 여전히 반응이 없자 그는 유머러스하게 말을 이었습니다. "아마도 너무 큰 부담을 느끼시는 것 같네요."

잠시 동안의 어색한 순간을 깨고 나선 건 의외로 중국 기자였습니다. 그는 한국인은 아니지만 같은 아시아인이라며 나섰고, 실제로 질문 기회를 얻어 대표로 질문하게 됐습니다.

이 사건은 한국 사회에 큰 파장을 일으켰습니다. 국제 무대에서 한국 기자들의 소극적 태도에 대한 비판이 쏟아졌고, 공개된 자리에서 질문하는 것을 꺼리는 문화에 대한 지적이 이어졌습니다. 언론의 자유와 기자들의 적극적 참여에 대한 논의도 활발히 일어났습니다.

오바마 대통령의 유연한 대처와 유머 감각 덕분에 회견 자체는 큰 문제없이 진행됐습니다. 다만 공부 잘하고 똑똑하지만 질문하지 않는 문화, 남의 시선과 평가에 너무 신경 쓰는 우리 문화, 그리고 그 속에 숨겨진 우리 사회의 모습을 들여다보게 만든 의미 있는 순간이었습니다.

질문의
목적

질문하기는 생각보다 복잡한 일입니다. 한 마디 말에도 여러 의미가 담기기 때문이죠. 질문은 때로 그 사람의 수준을 가늠하는 잣대가 되기도 합니다. 수준 낮은 질문을 하면 사람 자체가 낮은 평가를 받을 수 있으니까요. 또 질문은 관심의 표현이 되기도 하고, 관심의 정도를 나타내기도 합니다. 아마 연애할 때는 호감을 사기 위해 지금 생각하면 낮 뜨거운, 말도 안 되는 질문을 해가면서 열심히 노력했던 그 시절이 생각날 겁니다. 또한 질문은 상대방을 존중한다는 뜻을 전하기도 합니다. 직장에서도 마찬가지입니다. 팀장과 팀원 사이에서 잘 묻는 것은 단순히 모르는 것을 알아가는 차원을 넘어섭니다. 관심, 존중, 배려, 평가 등 많은 것을 담고 있죠. 더불어 업무 효율을 높이고 관계를 개선하며 협업을 강화하는 중요한 방법이기도 합니다.

그렇다면 어떤 질문이 좋은 질문이고 일방적 지시가 아닌 적극적 참여를 기대하며 관심과 존중을 담은 질문이 될 수 있을지 한번 알아보도록 하겠습니다.

우선 질문이 필요한 상황을 세 가지로 나눠볼 수 있겠습니다.

첫째, 내가 모르는 것을 알고자 할 때, 또는 알고 싶은 것을 확인하고자 할 때입니다.

기본적으로 질문은 내가 모르는 것을 알고자 할 때 하는 것입니다. 팀원이 팀장에게 질문할 때나 팀장이 임원에게 질문할 때도 마찬가지일 것입니다.

그런데 팀장이 팀원에게 묻는 경우엔 조금 다른 의미가 더해집니다. 바로 '확인'의 의미입니다. 요즘 컨디션은 어떤지, 진행하고 있는 프로젝트가 잘 진행되고 있는지, 진행 사항에 어려움은 없는지, 목적에 맞게 가고 있는지, 때로는 팀원의 개인적 부분도 알아가는 중요한 방식인 것입니다. 예를 들어 "다음 주까지 제출하기로 한 신메뉴 론칭 기획서 잘되고 있나요?"라는 질문에는 여러 의미가 담겨 있습니다. 기한 내 완료 가능한지, 지금 이 일이 중요하다는 메시지를 포함하기도 하고, 어려움은 없는지 확인하는 것 등입니다.

둘째, 내가 알고 있는 것을 팀원에게 알리고자 할 때입니다.

일반적 소통과 질문을 통한 소통은 꽤 차이가 있습니다. 일반적 소통은 주로 일방적으로 또는 지시적으로 정보를 전달하는 방식입니다. 팀장이 회사 목표나 프로젝트를 소개하고, 세부 사항을 설명하며, 이해를 돕는 예시나 데이터를 제시합니다. 이런 방식은 지시적이고 구조화돼 있으며, 포괄적인 정보를 제공하고, 흐름이 예측 가능합니다.

1. **지시적 소통:** 팀장이 정보를 제공하고 팀원은 이를 수동적으로 받습니다.
2. **구조화된 내용:** 정보가 논리적 순서에 따라 체계적으로 전달됩니다.
3. **포괄적인 정보 제공:** 주제에 대한 전반적인 이해를 돕기 위해 폭넓은 정보를 포함합니다.
4. **예측 가능성:** 설명의 흐름이 일정하고 예측 가능합니다.

반면 질문을 통한 소통은 대화형으로 정보를 주고받습니다. 팀원의 참여를 유도하고, 이해도를 평가하며, 필요에 따라 설명의 깊이나 방향을 조절할 수 있습니다.

1. **상호작용적 소통:** 팀장과 팀원 간의 주고받는 대화를 기본으로 합니다.

2. 개별 맞춤형 설명: 팀원의 질문에 따라 유동적 정보가 제공됩니다.

3. 이해도 평가: 팀원의 이해도를 가늠하고, 이에 따라 설명의 난이도나 방향을 조정할 수 있습니다.

4. 참여 유도: 팀원의 적극적인 개입과 의견 제시를 위해 더 깊은 이해를 도울 수 있습니다.

일반적 소통과 질문 소통의 간단한 예를 들어보겠습니다.

- "태양계는 태양을 중심으로 공전하는 행성과 기타 천체들로 이루어져 있습니다. 태양계에는 8개의 행성이 있으며, 각각의 행성은 고유한 궤도를 가지고 있습니다"라고 한다면 '음, 그렇구나' 정도로 끝날 것입니다.

- "태양계에는 몇 개의 행성이 있나요?" "태양계의 행성들은 어떻게 움직이나요?" "어떤 행성이 태양에서 가장 멀리 있나요?"라고 질문해 본다면 한 번은 팀원마다 알고 있는 정도에 따라 맞춤 정보를 제공할 수 있고, 이해도에 따라 난이도를 조절할 수 있습니다. 더불어 팀장보다 더 많은 정보를 가진 사람이 있다면, 그 사람이 대신 설명을 이어갈 수도 있습니다.

셋째, 나도 모르고 팀원도 모르는 것을 함께 찾고자 할 때입니다.

이것은 상당히 이상적 상황입니다. 협력해서 함께 문제를 해결하고 싶다는 의미이기 때문입니다. 이렇게 되기 위해서는 사전에 준비돼야 하는 것이 꽤나 많이 필요합니다. 그렇다면 이런 질문을 잘 하려면 어떻게 준비해야 할까요?

우선, 팀원과 업무에 대한 깊은 이해와 관찰이 필요합니다. 질문이 어려운 이유는 대개 잘 모르기 때문입니다. 무엇을 물어야 할지 모르거나, '이것도 모르나요?'라는 평가를 받을까 두려워하는 것이지요. 팀원 입장에서는 '함께한 시간이 얼마인데 이걸 모르고 있었단 말인가'라는 식의 평가가 두려운 거죠. 그래서 질문을 하려면 팀원의 업무나 프로젝트 현황에 관심을 두고 파악하고 있어야 합니다. 팀원이 겪는 어려움이나 성과를 미리 알아보면 질문하기가 훨씬 수월해집니다. 평소 믿음이 부족한 상태인데 갑자기 '지금부터 잘 해보자'라고 하면 누가 쉽게 공감할 수 있겠습니까?

관심을 갖고 관찰했다면 끝까지 경청하는 모습을 보여야 합니다. 대화하다가 갑자기 자신이 좀 더 아는 분야나 경험한 부분이 있을 때 팀장 본인의 경험담을 얘기하면서 자기 과시를 한다든지 상대방을 무시하는 경우가 있는데, 이는 빈번하게 일어나는 일입니다. 끝까지 경청한다는 이야기는 지고 들어 간다거나 침묵하라는 얘기가 아닙니다. 상대방 혹은 팀원의 이야기를 끝까지 경청하는 자세를 말하는 것입니다. 그런 모습과 느낌이 상대방과 팀원에게 전달된다면 소통은 상당히 유연하게 진행될 것입니다.

다음은 질문을 미리 준비해 보는 것입니다. 질문은 간결하고 명확하게 작성합니다. 복잡한 문장보다는 단순하고 명료한 표현이 좋습니다. 모호한 질문보다는 구체적 사항을 지적하는 질문이 더 좋은 답변을 이끌어냅니다. 예를 들어, "프로젝트 어떻게 되고 있나요?"보다는 "이번 주 프로젝트에서 가장 큰 도전 과제는 무엇입니까?"가 더 효과적입니다.

그 이후에 관심과 경청으로 질문 거리를 찾고 명확하게 질문했다면 그 다음은 태도입니다. 팀장이나 임원과 나누는 대화에서 가장 많이 나오는 말은 '답정너'입니다. 팀원 대부분도 팀장이 왜 질문하는지 알고 있습니다. 문제는 팀원의 답변을 수용하는 태도입니다. '어차피 답은 정해져 있는데 말해 봐야 뭐 해'라는 생각이 만연해 있습니다.

지금까지 질문을 통해 팀원과 더 적극적이고 효과적으로 소통하는 방법에 대해 얘기해 보았습니다. 질문의 의미는 단순히 정보를 얻는 것을 넘어섭니다. 질문은 생각의 주도권을 일시적으로 직원에게 넘기는 데 큰 의미를 갖습니다. 이는 매우 중요한 포인트입니다. 주도권을 가진 직원은 능동적 자세를 취할 가능성이 높아집니다. 이를 통해 팀원의 참여도와 책임감이 높아질 수 있습니다.

결국 질문은 단순한 정보 공유와 상황 점검이라는 1차원적 의미를 넘어섭니다. 그보다는 상호 이해와 협력의 도구라고 보는 것이 더 적절합니다. 질문을 통해 팀원의 생각과 관점을 이해하고, 서로 신뢰를 쌓을 수 있습니다.

말로 대화하자…
피드백

오늘도 당신의 팀원이 또 지각한다면 팀장인 당신은 어떻게 대처하겠습니까? 습관적으로 지각하는 강오분 주임은 오늘도 어김없이 10분 늦게 출근합니다. 평소에도 이를 불편하게 여기던 정학한 팀장은 '이번만큼은 이 상황에 대해 반드시 바로잡아야지' 하고 결심합니다. 단호하지만 감정적이지 않고 차분히 이성적으로 말하기로 다짐하며 강 주임을 부릅니다.

정 팀장: 강 주임님, 오늘도 지각하셨네요.

강 주임: 아, 네 팀장님. 컨디션이 좋지 않아 출발이 늦었고, 차도 많이 막혀서요.

정 팀장: (어이없는 대답에 화를 참으며) 출근 시간에 차가 막히는 건 당연한데, 미리 서두르셨어야 하지 않나요? 그리고 (약간 흥분하며) 5분 지각은 습관성 지각입니다.

강 주임: 죄송합니다. 하지만 정말 컨디션이 좋지 않았습니다.

정 팀장: 다른 팀원들은 항상 컨디션이 좋아서 지각을 안 하나요?

강 주임: (분을 참으며) 죄송합니다.

사실 정 팀장은 이런 상황을 만들려고 의도하지는 않았습니다. 하지만 피드백 과정에서 결국 감정을 추스르지 못하고 그동안의 불편한 마음을 터뜨리고 맙니다. 어떤가요? 오늘도 당신의 직장에서 이와 비슷한 일이 벌어지지는 않았나요? 피드백을 제대로 하지 못하면 상황을 바로잡는 데 구체적 도움이 되지 못할 뿐만 아니라, 해당 직원과 관계만 악화시킬 수 있습니다. 그렇다면 어떻게 해야 기대하던 피드백이 성공적으로 이루어질 수 있을까요?

우선, 이것 먼저 생각해 봅시다. 피드백하는 이유는 무엇일까요?

그것은 바로 팀장인 내가 '원하는 결과를 얻기 위함'입니다. 그 결과가 개선이 될 수도, 평가가 될 수도, 격려와 칭찬이 될 수도, 때로는 질책이 될 수도 있습니다. 중요한 점은 이러한 과정을 통해 내가 원하는 결과를 얻고자 하는 목적은 변함이 없다는 사실입니다.

적절한
피드백 방법

그렇다면 과연 어떻게 해야 좋은 피드백이 될 수 있을까요? 다음은 직장 내에서 피드백을 제공할 때 유용한 방법입니다.

1. 구체적이고 명확하게

피드백은 구체적이고 명확하게 전달돼야 합니다. 결과물에 대한 의견을 구체적이고 분석적으로 말해 주는 사람이 조직에서는 중요한데, 이러한 사람으로부터 피드백을 받으면 최종 결과물의 질이 크게 향상됩니다. 모호하거나 애매한 표현을 피하고, 구체적 예시를 들어 설명하는 것이 좋습니다.

위 사례: "강 주임님, 오늘도 지각하셨네요." 대신 "강 주임님, 이번 달에만 벌써 다섯 번 지각을 했네요."

예시: "이번 보고서에서 데이터 분석 부분이 훌륭했어요." → "이번 보고서의 데이터 분석에서 사용한 그래프와 통계 자료가 매우 명확하고 이해하기 쉬웠어요."

2. 적시에 제공

피드백은 가능한 한 빨리 제공해야 합니다. 행동이나 사건이 발생한 직후에 피드백을 주는 것이 가장 효과적입니다. 지난주에 있었던 칭찬할 만한 일을 오늘에야 이야기한다면 그 느낌의 강도는 약해질 것이고, 주의나 질책이 필요한 상황에서 다음 주에 이야기한다면 그 또한 기대하는 효과가 반감될 것입니다.

위 사례: 첫 번째 지각 때 "5분도 분명한 지각입니다. 앞으로는 정시에 출근해 주세요"라고 말했어야 합니다.

예시: 오늘 회의에서 당신이 제안한 아이디어는 매우 창의적이었습니다. 특히 고객 서비스 개선 방안은 즉시 적용할 수 있을 것 같아요."

3. 균형 잡힌 피드백

긍정적 피드백과 개선이 필요하다는 피드백을 균형 있게 제공합니다. 너무 부정적 피드백만 주거나, 긍정적 피드백만 주는 것은 피드백의 효과를 떨어뜨릴 수 있습니다. 개선할 부분이나 부족한 부분이 많더라도 칭찬할 만한 부분이나 격려할 부분을 먼저 얘기합니다. 그리고 개선할 점에 대해 이야기합니다.

위 사례: "요즘 신규 프로젝트 때문에 많이 바쁘고 피곤했죠? 열심히 일하는 모습이 보기 좋습니다. 다만, 지각이 잦아 팀 분위기에 안 좋은 영향을 줄 수 있어 걱정됩니다."

예시: "이번 보고에서 납기를 맞춘 것은 잘했습니다. 특히 데이터를 수집하신 점이 인상적이었어요. 하지만 제출 일정 때문인지 내용의 설득력이 떨어집니다. 세밀한 분석과 구체적 사례를 추가하면 좋은 보고서가 될 겁니다."

4. 칭찬은 팀원 앞에서, 질책은 개인적으로

설명: 칭찬 피드백은 팀원들 앞에서 전달하는 것이 좋습니다. 그러나 질책에 가까운 피드백이라면 공적인 자리는 피하고, 개인적으로 전달하는 것이 좋습니다.

위 사례: 출근 확인 시 그 자리에서 얘기하기보다는 별도의 미팅룸에서 이야기합니다. "강 주임님, 잠시 미팅룸으로 와주겠어요? 지금 나눌 말이 있습니다."

예시: (칭찬할 경우, 팀 전체 미팅에서) "강 대리님이 제안한 아이디어가 전사 프로젝트로 채택됐습니다. 모두 축하해 주세요!" (잘못된 시장분석으로 문제가 생겼을 때) 일대일 미팅을 진행합니다. "강 주임님, 시장분석 보고서에 대해 개인적으로 이야기를 나누고 싶습니다. 언제 시간이 괜찮나요?"

5. 행동에 초점 맞추기

피드백은 사람 자체가 아닌, 특정 행동에 초점을 맞춰야 합니다. 개인의 성격을 지적하기보다는 그 사람이 한 행동을 중심으로 피드백을 줍니다.

위 사례: 잦은 지각만을 언급합니다. 그것이 습관성이니 뭐니 하는 발언은 좋지 않습니다. "이번 달에 다섯 번 지각이 있었습니다. 이로 인해 팀 업무 시작이 지연되고 있습니다."

예시: "당신은 무례해요"보다 "회의 중에 다른 사람의 말을 끊는 것은 좋지 않아요. 이런 행동은 다른 팀원들의 의견 개진을 어렵게 만들 수 있습니다"라고 말합니다.

6. 경청과 상호작용

설명: 피드백을 줄 때 일방적으로 전달하지 말고, 수신자의 의견도 경청합니다. 대화 형식으로 피드백을 주고받는 것이 중요합니다.

위 사례: 컨디션이 좋지 않은 이유나 잦은 지각에 다른 사유가 있는지 먼저 들어봅니다. "지각이 잦은 이유가 있나요? 혹시 제가 모르는 어려움이 있다면 말씀해 주세요."

예시: "이 부분에 대해 당신의 생각은 어떻습니까? 혹시 다른 시각에서 바라본 점이 있다면 듣고 싶습니다"라고 질문을 통해 대화를 유도합니다.

7. 건설적 해결책 제시

피드백을 줄 때는 문제점을 지적하는 것뿐만 아니라, 해결책이나 개선 방안을 함께 제시합니다.

위 사례: 출퇴근 거리나 기타 사유를 판단해 보고 시차제 출근을 제안할 수 있습니다.

예시: "이번 프레젠테이션에서는 시각 자료가 부족했어요. 다음 번에는 그래프나 도표를 더 추가해 보면 어떨까요? 제가 아는 좋은 데이터 시각화 도구를 몇 가지 추천할 수 있습니다."

8. 긍정적 언어 사용

피드백을 줄 때 긍정적 언어를 사용해 팀원이 피드백을 더 잘 받아들이도록 합니다.

위 사례: "다른 팀원들은 항상 컨디션이 좋아서 지각을 안 하나요?"라고 비꼬는 듯한 표현 대신 "정시에 출근하는 다른 팀원들을 생각해 보면 어떨까요? 당신의 정시 출근이 팀 전체의 사기와 업무 효율성에 긍정적 영향을 줄 수 있습니다"와 같이 말합니다.

예시: "이 부분은 개선이 필요해요"보다는 "이 부분을 이렇게 하면 더 좋은 결과를 얻을 수 있을 것 같아요. 어떻게 생각하세요?"라고 말합니다.

9. 지속적 피드백 제공

피드백은 일회성으로 끝나지 않고 지속적으로 제공돼야 합니다. 주기적 피드백을 통해 지속적 성과 향상을 도모합니다.

위 사례: 잦은 지각이 있으므로 잔소리처럼 자주 하기보다는 이런 지각이 반복될수록 당사자에게 미칠 부정적 요소를 상기시킵니다. "지각이 계속되면 업무 효율성뿐만 아니라 당신의 평판에도 영향을 줄 수 있어요. 우리 함께 이 문제를 해결해 나가면 좋겠습니다."

예시: "이번에는 이 부분을 개선해 보세요. 다음 주에 다시 확인해 보고 추가적 피드백을 드리겠습니다. 함께 발전해 나가는 과정이라고 생각해 주세요."

10. 감사와 인정

피드백을 마무리할 때는 감사의 말을 전하고, 상대의 노고를 인정하는 것이 중요합니다.

예시: "이번 프로젝트에서 정말 많은 노력을 해주셔서 감사합니다. 특히 어려운 상황에서도 포기하지 않고 끝까지 최선을 다해 주셔서 좋은 결과를 얻을 수 있었습니다. 앞으로도 이런 열정으로 함께 일할 수 있기를 기대합니다."

피드백의
두 가지 유형

피드백은 크게 긍정적 피드백과 부정적 피드백으로 나눌 수 있습니다. 먼저 긍정적 피드백입니다. 여기에는 두 가지 유형이 있습니다. 첫째, 행동의 변화가 목적인 교정적 피드백입니다. 이는 바람직한 방향으로 변화를 유도하는 피드백입니다. 둘째, 현재의 좋은 행동을 강화하고 반복되기를 원하는 지지적 피드백입니다. 이는 팀원의 긍정적 행동을 인정하고 격려하는 피드백입니다.

반면, 부정적 피드백은 상처와 질책을 주거나, 통상적이고 일반적 이야기로 관계를 불편하게 하거나 무의미하게 받아들여질 수 있는 피드백을 말합니다. 이러한 피드백은 팀원의 의욕을 저하시키고 관계를 악화시킬 수 있으므로 주의해야 합니다.

누구나 긍정적 피드백으로 관계를 개선하고 원하는 결과를 얻길 기대하며 피드백을 하지만, 대부분은 관찰된 사실과 행동을 말하기보다는 감정과 평가, 질책으로 끝나는 경우가 많습니다. 이런 실수를 줄일 수 있는 방법을 소개하겠습니다.

첫째, 평가보다는 관찰된 사실을 말해야 합니다. 예를 들어, 항상 말이 많은 팀원 A를 두고 "A는 정말 말이 너무 많아. 정신이 하나도 없어"라고 말하는 것은 평가나 개인적 견해를 얘기한 것입니다. 반면, "A는 회의 시간 20분 동안 혼자 이야기를 했어"라고 말하는 것은 관찰된 사실을 얘기하는 것입니다. "A는 사람이 참 착해"라는 표현은 일반적이고 상투적 표현인 반면, "A는 탕비실을 사용한 후 주변 정리를 항상 깔끔하게 해"라고 말하는 것은 구체적 사실에 대해 피드백하는 것입니다.

피드백은 관찰된 사실을 바탕으로 해야 합니다. 개인적 평가나 감정을 섞어서 말하지 않도록 주의해야 합니다.

둘째, 사실을 기반으로 한 나의 느낌과 필요(needs)를 말해야 합니다. 위 사례에서 강 주임에게 팀장의 불편한 감정만 얘기하기보다는 그 이면의 필요를 명확하게 이야기하는 것이 필요합니다. 강 주임에게 그렇게 말하고 싶었던 필요는 "지각을 해서 본인에게도 같은 팀원에게도 피해를 더는 주지 않았으면 좋겠다"입니다. "넌 사람이 왜 맨날 지각하고 성실하지 못해"와 같은 비난이 아니라는 점을 명심해야 합니다.

마지막으로, 느낌과 필요를 강요하지 말고 요청하는 것이 중요합니다. "다시 한번 더 이런 일이 반복된다면 인사 평가에 불이익이 있을 겁니다"라고 말하기보다는 "팀 분위기와 원활한 업무 진행을 위해 정시 출근을 할 수 있겠습니까?" 또는 "앞으로는 꼭 시간을 지켜주길 바랍니다"라고 요청하는 편이 훨씬 효과적일 것입니다. 이는 직장인이 자기 관리에 대한 책임을 지는 성인이라는 점을 존중하는 태도입니다.

효율적이고 성과가 있는 피드백을 하려면 많은 연습과 경험이 필요합니다. 연습 대상을 찾기 어렵다면, 어제의 자신을 대상으로 피드백해 보는 것도 좋은 방법입니다. 예를 들어, '강 주임에게 했던 대화를 오늘 다시 할수 있다면 나는 어떻게 할 것인가?'라고 자문해 보는 것입니다. 이런 식으로 연습해 본다면 좋은 결과를 얻을 수 있을 것입니다.

피드백은 하는 사람이나 받는 사람 모두 불편할 수 있습니다. 피드백을 하는 사람은 피드백 받는 당사자가 최고의 성과를 내도록 관심과 시간을 투자해서 하는 것입니다. 위와 같은 마음가짐으로 지속적으로 피드백한다면 당장은 조금 서툴러도 나중에는 팀원에게 값진 선물이 될 것입니다.

말로 대화하자…
코칭

리더의 길이 힘들고 어렵지만 그럼에도 가장 큰 성취감을 느끼는 순간은 아마도 팀원들의 성장을 지켜볼 때일 겁니다. 그러나 누군가의 성장을 지원한다는 것은 그렇게 쉬운 일이 아닙니다. 갖은 방법을 동원하고 같은 과정을 수차례 반복해도 도무지 내 마음 같지 않을 때가 있거든요. 도대체 어디서부터 어디까지, 어떻게, 얼마나 알려줘야 할지 모르겠어서 난감하신 분들에게 이번 챕터가 조금이나마 도움이 되기를 바랍니다.

《유난한 도전》이라는 책으로도 유명한 토스의 조직문화는 '구성원이 매일 하는 일에 있어 동기부여를 할 수 있도록 자율성과 의사결정 권한을 최대한 부여하는 것'이라고 합니다. 구성원의 의사결정과 업무 실행이 분리돼 있을 때 동기가 상실된다고 보는 것이죠. '팀원을 어른으로 대한다'라는 말은 이러한 토스의 조직문화를 잘 나타내고 있습니다. 여기서 어른으로 대한다는 것의 핵심은 마음대로 하도록 방치하는 것이 아니라, 팀원을 의사결정의 주체로 존중하고 그들의 선택과 결정을 신뢰한다는 것입니다. 즉 구성원이 조직에 도움이 되는 방향으로 선한 결정을 내릴 것이라 전적으로 믿고 권한을 부여하는 거죠. 실제로 자기결정이론(Self Determination Theory, Deci & Ryan, 1985, 2000)에 따르면 사람들은 자신의 행동을 스스로 통제할 수 있을 때 동기부여가 된다고 합니다. 즉 내가 하는 일에 대해 자율성이 있고, 이걸 내가 해낼 수 있다는 유능감과 내가 하는 일이 의미 있는 일이라는 생각이 들 때 자율적으로 몰입할 수 있는 상태가 된다는 것입니다.

나는 우리 팀원들을
어떻게 바라보고 있나요?

그렇다면 팀장으로서 나는 어떤가요? 팀원들을 어른으로 대하고 있나요? 혹시 '애들' 취급하고 있지는 않나요? 그간 쌓아온 경험이 내 잣대가 돼 팀원들을 자의적으로 판단하고 해석하고 있지는 않나요? 팀장으로서 팀원을 코칭하기 위한 첫번째 스텝은 바로 '팀원을 어른으로 대하는 것'입니다. 팀원은 어린아이가 아닙니다. 각 구성원을 전인적 존재로 바라보고, 스스로 올바른 선택을 할 수 있는 주체로 존중해 주는 것이 가장 중요합니다.

내가 걸어온 길만이
정답은 아니에요

팀원을 코칭할 때 팀장이 가장 많이 하는 실수가 '내 방식을 그대로 고수한다는 것'입니다. 세상엔 매우 다양한 사람이 있고, 또 각자가 살아온 방식이 다릅니다. 잘하는 것, 업무를 대하는 태도, 문제를 해결하는 방식도 모두 다르죠. 따라서 내가 쌓아온 경험과 노하우, 업무 방식은 수만 가지 중 한 가지의 옵션일 뿐 모두에게 효과적인 것은 아닙니다. 다시 말해, 팀원 개개인마다 본인에게 맞는 수만 가지의 성공 방식이 있는 거죠. 따라서 팀원을 코칭하기 위한 두번째 스텝은 '팀원에 대해 잘 아는 것'입니다. 다만 문제는 팀원도 자기 스스로에 대해 잘 모르는 경우가 많다는 겁니다. 성장 과정에서 바쁘게 공부하고 취업하다 보니 정작 자기 자신에 대해 깊이 생각해 볼 기회가 없었던 거죠. 따라서 업무에 관련된 대화를 나누기 전에, 그 사람에 대해 먼저 깊이 있는 탐색을 해야 합니다. 팀원이 자기 자신을 어떤 사람이라고 생각하고, 어떤 사람이 되고 싶은지, 삶의 비전은 무엇이고, 강점은 무엇인지, 팀에서 이루고 싶은 것은 무엇이고, 궁극적 커리어의 목표는 어떻게 되는지 차근차근 정리하는 과정이 필요합니다. 본인이 누구인지와 삶의 방향성이 뚜렷하면 그다음은 개인의 삶과 조직의 방향성을 잘 조율해 주기만 하면 됩니다. 삶의 목표와 방향성이 잡히면, 그다음은 어디로 나아가야 하는지 일의 목표도 명확해집니다. 그다음은 굵직한 목표와 방향성 아래 가장 먼저 무엇을 해야 하는지, 어떻게할 수 있을지 등 각자의 역량, 강점에 맞게 세부 실행안만 구체적으로 잡을 수 있게 도와주면 됩니다.

생각을 자극하는
리더의 언어

"팀장님, B 부장님과 함께 일하기가 너무 힘들어요. 감정 기복이 너무 심하시고 자꾸 마이크로 매니징을 하려고 해서 일에 재미도 없고 자신감도 떨어지는 것 같아요."

어느 날 A 팀원이 찾아와 위와 같은 말을 한다면, 어떻게 대응하실 건가요?

1. (지시, 훈계, 설교) "직장 생활 하루이틀 하나요? 상위 직급자에게 맞추는 것도 사회생활입니다. 저 사회 초년생 때는 지금보다 더 심했어요. B 부장은 아무것도 아니라고요."

2. (판단, 해석, 비판) "B 부장이 이유 없이 그러진 않았겠죠. 내가 보기엔 A 팀원의 태도도 문제가 있는 것 같은데요?"

3. (달래기, 회피) "에이~ 뭐 이런 걸 가지고 그래요. B 부장이 요새 좀 피곤해서 그래요. 이 시기만 지나면 아마 금방 괜찮아질 거예요. A 팀원이

좀만 이해해 줘요."

4. (험담) "어머, A 팀원도 그렇게 생각해요? 도대체 B 부장은 왜 그러나 몰라. 진짜 사람 그렇게 안 봤는데, 보면 볼수록 별로인 거 같다니까요?"

실제로 일을 하다 보면 팀원들이 면담을 요청할 때가 종종 있는데요. 그럴 때 혹 어떤 말을 할까 덜컥 겁이 날 때가 있진 않나요? 팀원들의 고민이나 요청 상황에 어떻게 대응해야 할지, 어떤 말을 해주면 좋을지 쉽게 판단이 서지 않을 때도 있습니다. 당황스러운 순간에 둘러댄다고 던진 말이 팀원에게 부정적 영향을 주거나, 내 의도와는 상관없이 화살이 돼 돌아오기도 합니다.

따라서 팀원 코칭의 세번째 스텝은 '깨끗하고 중립적 언어'를 사용하는 것입니다. 여기서 깨끗하고 중립적 언어란 내가 성급히 판단하거나 상대를 평가, 비난하지 않는 것을 말합니다. 나 중심의 관점에서 벗어나 사실에 초점을 맞추고, 내 생각을 강요하지 않도록 노력하는 것이죠. 내가 아닌 상대의 정보와 경험에 초점을 맞추어 최대한 상대의 말을 끄집어내면, 팀원이 스스로의 경험에서 해결의 실마리를 이끌어낼 수 있습니다. 예를 들어볼까요?

"이 프로젝트는 제가 담당하기 어려울 것 같아요. 너무 부담스럽습니다."

→ Before 아니 세상에 쉬운 프로젝트가 어딨어요!

어려워도 일단 해봐야 성장할 수 있는 거 아닌가요?

→ After 혹시 어떤 부분이 특히 어렵게 느껴지세요?

부담스럽게 생각하는 이유를 들어볼 수 있을까요?

"제가 잘하는지 모르겠어요. 이 일이 저랑 잘 맞지 않는 것 같아요"

→ Before 제대로 해보지도 않았잖아요.

혹시 하기 싫어서 그러는 거 아니에요?

→ After 왜 그런 생각을 하게 됐어요?

그렇게 생각하게 된 계기가 있나요?

어떤가요? 나의 관점에서 내 경험과 기준을 중심으로 판단하고 그 생각을 강요하는 것과 상대의 상황과 관점에 초점을 맞추고 그 안에 담긴 생각을 끌어내려고 하는 것. 이 둘의 차이가 느껴지시나요? 그럼 이번에는 여러분이 직접 한번 답해 볼까요!

"팀장님. 저 업무 따라가기가 좀 힘들어요. 일이 동시에 여러 개가 돌아가니까 스케줄 관리도 안 되고, 집중도 안 되는 거 같습니다."

오늘의 한계는
성장의 시작

이 세상에 고통 없는 성장이 있을까요? 성장의 과정에는 매번 두려움, 절망, 실패와 같은 단어들이 단짝처럼 붙어 다닙니다. 성장하기 전에는 늘

정체기가 있다는 얘기입니다. 따라서 성장 곡선도 일직선이 아니라 계단형이나 물결 모양을 그리곤 하죠. 처음부터 완벽한 팀장이 없듯, 처음부터 완벽한 팀원들은 없습니다. 모두가 성장하는 과정에 있을 뿐이죠. 따라서 코칭의 마지막 스텝은 '팀원의 성장 가능성과 잠재력을 진심으로 믿고 지지해 주는 마음'입니다. 혼자가 아니고 팀으로 함께 해결하며 성장의 모든 과정을 응원해 주는 거죠. 인내심을 가지고 충분히 기다려주는 것도 필요합니다.

사람마다 성장 속도가 다르기 때문에, 누군가는 시작이 빠른 대신 중간 과정이 느릴 수도 있고, 누군가는 시작이 느린 대신 한번 가속도가 붙으면 무섭게 성장할 수도 있습니다. 중요한 것은 스스로 동기를 가지고 끊임없이 시도하고 도전할 수 있도록 심리적 안전감을 조성해 주는 일입니다. 실패를 두려워하지 않고 노력을 게을리하지 않도록 늘 곁에서 믿음과 응원을 보내주는 거죠. 고급스러운 코칭 스킬보다 100배 효과적인 것이 바로 진심 어린 격려와 지지라는 것을 잊지 말아주세요.

팀원 코칭의 4단계 요약

1. 팀원을 주니어가 아닌 한 명의 동료이자 어른으로 대한다.
2. 삶의 동기, 목표, 비전부터 역량, 강점까지 팀원에 대해 제대로 알아야 한다.
3. 팀원의 생각을 자극할 수 있는 깨끗하고 중립적 언어를 사용한다.
4. 팀원의 잠재력을 진심으로 믿고, 적극적으로 성장을 지원한다.

문서로 대화하자···
문서 이해

조직 생활은 입사 지원서로 시작해 퇴직원으로 마무리됩니다. 재직 중에는 업무와 문서가 항상 밀접하게 연결돼 있죠. 보고서, 제안서, 회의록, 메일 등 우리는 문서 속에서 살아간다고 해도 과언이 아닙니다. 문서 소통은 다음과 같은 특징을 가집니다.

- **정보의 명확성:** 구두 소통과 달리 문서는 정보를 명확하고 구체적으로 전달합니다.
- **기록의 영속성:** 작성 후 언제든 참고할 수 있는 영구적 기록을 남깁니다.

• **결정의 공식성**: 계약서나 합의서의 경우 법적 구속력을 가집니다.

이런 이유로 문서 소통은 신중하게 다뤄져야 합니다. 말실수는 사과하고 만회할 수 있지만, 문서로 남은 실수는 그렇게 하기 어렵습니다. 설령 가능하더라도 신뢰 하락이나 배상 등 큰 대가를 치러야 할 수 있죠. 그래서 문서로 명확한 소통을 하는 기술은 리더십을 쌓아가는 2~3년 차 팀장에게 어려운 과제일 수 있습니다.

자의적 판단으로 생긴
해프닝

효과적 의사소통을 위해서는 문서를 통해 상대방에게 의사를 정확히 전달하고, 상대방의 의견을 제대로 이해해야 합니다. 다음은 코로나19가 본격적으로 확산하던 시점에서 한 회사가 내린 원격근무 지침의 일부입니다.

1. 원격근무 전환 필요성

2. 새로운 근무 체계

　- 각 본부는 자율적으로 원격근무를 시행할 수 있다.

　- 근무시간은 전과 같이…

3. 보안 지침과 주의 사항

4. 원격근무 지원을 위한 협업 도구 사용

언뜻 보기에 문제 될 만한 내용은 없어 보입니다. 하지만 실제로 지침이 내려간 후, 본부장들의 해석에 따라 다른 조치가 취해졌습니다. A 본부는 주 3일 이상 원격근무를 시행했지만, B 본부는 원격근무를 아예 검토조차 하지 않았습니다. B 본부장이 '시행할 수 있다'를 '시행하지 않을 수 있다'로 해석한 결과였죠. 이로 인해 B 본부 직원들은 상대적인 소외감을 느꼈고, "우리는 코로나19에 안 걸리는 철인이냐?"는 비아냥까지 나왔습니다.

최근에는 단위 조직의 자율성을 강조하다 보니 가이드라인이나 매뉴얼에서 단정적 표현을 줄이는 경향이 있습니다. 이런 경우 수신자는 유연성을 고려하되, 해당 문서의 전달 목적에 우선 주목해야 합니다. 위 사례에서 지침의 목적은 '원격근무를 시행하되, 자율권을 준다'는 의미였습니다.

결국 문서 이해 능력은 문서에서 전달하려는 핵심 내용을 파악하는 능력이자, 이를 현업에 적용하는 영역까지 포함하고 있다고 할 수 있습니다.

문서의 특성과
유의 사항

우리가 다루는 다양한 문서는 각각의 특성을 가지고 있습니다. 당연히 내용을 이해할 때도 주의해야 할 점이 있죠. 주로 다루는 문서의 종류는 다음과 같습니다.

공문서: 정부 기관에서 공무를 집행하기 위해 작성하는 문서다. 일반 기업에서 정부 기관을 상대로 사업할 때 작성하는 문서도 포함된다. 엄격한 형식 규정이 있으며, 최종 결재권자의 승인이 있어서 문서의 효력이 발생한다.

유의점: 상대방의 공식 행동을 기대하는 목적으로 작성됩니다. 따라서 수신자는 문서의 내용을 신중하게 판단해 핵심 내용과 그 실행에 따른 영향력을 분석해야 합니다. 2~3년 차 팀장은 공문서를 받아 내부 조치를 기안하게 됩니다. 이럴 경우 공문서 내용 중에 의사결정자가 가장 신경 쓰는 부분이 무엇인지 정확히 이해해야 합니다.

기획서: 아이디어를 구체화한 기획물. 의사결정자에게 그 내용을 전달해 기획 내용의 시행을 설득하는 역할을 담당한다.

유의점: 2~3년 차 팀장은 '일이 되는 방법'에 집중할 가능성이 높습니다. 하지만 기획서를 승인하는 의사결정자는 그뿐만 아니라 일의 파급력에 더 주목합니다. 따라서 기획서 작성과 이해에 있어 경영진의 의중을 파악하는 게 매우 중요합니다.

보고서: 특정한 활동 현황이나 진행 상황, 또는 검토 결과 등을 보고하고자 할 때 작성하는 문서다.

유의점: 보고서는 상급자나 유관 부서 등 해당 업무의 이해관계자들이 수신자가 됩니다. 작성자는 이들에게 원하는 바가 있기 마련입니다. 반대로 수신자 입장에서는 보고서 내용이 '나(부서)에게 어떤 영향을 주는지' '무슨 행동을 해야 할지'를 파악해야 합니다. 대개 보고서 내용이 합쳐지거나 보완돼 기획서, 공문서 형태로 발전하는 경우가 많으니 보고 단계부터 이해와 작성에 주의할 필요가 있습니다.

설명서: 대개 상품·서비스의 특성이나 작동 방법 등을 설명하는 목적으로 작성하는 문서다.

유의점: 설명서를 읽는 대상자가 쉽게 이해할 수 있도록 작성되는 것이 기본입니다. 수신자일 경우 설명서의 복잡한 내용을 요약해 추후 업무 활용에 용이하도록 정리하는 습관을 들이는 게 좋습니다.

이메일: 이제는 일상적 소통은 이메일을 통해 이뤄진다.

유의점: 편한 방식이지만, 내용에 따라 다른 문서와 같이 신중을 기할 필요가 있습니다. 상대방의 감정을 상하게 하는 표현이나 오타 등이 자주 발견됩니다. 수신자 입장에서는 논의가 있었던 사안이 아니라면 내용의 정확한 의미를 확인해야 합니다.

문서 이해
프로세스

작가를 꿈꾸는 사람은 유명 작가의 글을 필사하는 연습을 합니다. 기자를 꿈꾸는 사람은 기사 요약을 연습한다고 하죠. 이처럼 정리하는 습관이 문서 이해력을 올리는 지름길입니다. 다음과 같이 프로세스별로 정리하는 방법을 권합니다. 마케팅 팀장이 신규 서비스 출시를 위한 마케팅 전략 보고서를 검토하는 예를 들어보겠습니다.

1. 문서의 배경과 주제 파악
모든 문서는 작성된 맥락을 가지고 있습니다. 어떤 이유로, 어떤 의도로 시작됐는지를 담은 정보죠. 이처럼 배경과 주제를 살피는 것은 결국 문서가 의도하는 목적을 이해하기 위함입니다. 주로 서두 부분에 이와 같은 내용이 서술돼 있기 마련입니다.

예) "이 보고서는 당사의 신규 SaaS 솔루션 'Project Pro'의 성공적인 시장 진입을 위한 마케팅 전략을 제시하고… 최근 원격근무 확산으로 프로젝트 관리 툴 시장이 급성장하고 있습니다. 기대되는 시장 사이즈는…"

많은 경우 당연하고 뻔한 얘기라서 크게 신경 쓰지 않는데, 후속하는 내용 이해가 되지 않을 경우 다시 서두 부분으로 와서 목적을 상기하는 게 도움이 됩니다. 업무에서는 '왜?'의 답이 중요합니다.

2. 문서상의 현상, 이슈, 문제 이해

목적 달성을 위해 환경 요인, 내부 요인, 외부 요인 등을 기술한 부분을 이해합니다. 이를 통해 도전 과제와 기회요인을 파악합니다. 그리고 여러 요인 중에서 가장 중요한 요인(예시에서 밑줄 친 요인)을 '중요도'와 '파급력' 측면에서 선별해야 합니다.

예) 도전 과제: 시장의 높은 경쟁도, 낮은 브랜드 인지도, 제한된 마케팅 예산 등

기회 요인: 원격근무 트렌드, AI 기술에 관심 증가, 중소기업의 디지털 전환 가속화 등

3. 상대방의 욕구와 의도를 파악하고, 나에게 원하는 행동 파악

문서 작성자는 독자에게 원하는 바가 있습니다. 그런 의미에서 문서는

프러포즈와 유사합니다. 상대의 의중을 확인했다면 내가 취할 태도나 행동을 고심할 차례입니다.

예) "초기 3개월간 콘텐츠 마케팅과 퍼포먼스 마케팅에 집중해 인지도를 높이고 리드를 확보하겠습니다. 이를 위해 마케팅 예산 5000만 원과 2명의 추가 인력이 필요합니다."

내게 원하는 행동: 제안된 전략의 타당성 검토 및 예산, 인력 증원 관련 의사결정

4. 파악한 사항을 요약해 정리

지금껏 알게 된 내용을 일목요연하게 구성합니다. 마인드맵 프로그램이나 엑셀 시트를 활용하면 한눈에 파악하기 용이합니다.

```
ProjectPro 마케팅 전략
├─ 시장 분석
│   ├─ 프로젝트 관리 툴 시장: 연 30% 성장
│   └─ 주요 경쟁사: Asana, Trello, Jira
├─ 타깃 고객
│   ├─ 주 타깃: 50-200인 규모 IT, 디자인 기업
│   └─ 부 타깃: 프리랜서 팀, 스타트업
├─ 마케팅 전략
│   ├─ 콘텐츠 마케팅 (예산의 40%)
│   │   ├─ 전문가 블로그 운영
│   │   └─ 유튜브 채널 론칭
│   ├─ 퍼포먼스 마케팅 (예산의 50%)
│   │   ├─ 구글 애즈
│   │   └─ 페이스북/인스타그램 광고
│   └─ PR (예산의 10%)
├─ 필요 자원
│   ├─ 예산: 5000만 원
│   └─ 인력: 콘텐츠 마케터 1명, 퍼포먼스 마케터 1명
└─ 목표
```

사례: 트리 구조를 이용한 내용 정리

이해력
증진 팁

사무실에서 다루는 문서는 다양하고 많습니다. 우리의 기억력은 한정적이죠. 따라서 문서 이해력을 높이려면 반드시 알아야 하는 내용만 추려서 종합하는 능력이 필요합니다. 이를 위해 문서가 전하는 정보를 나만의 방식으로 소화하고 정리할 수 있어야 합니다. 많은 정보를 이해하고 기억하기 위해 도표나 핵심 키워드로 요약하는 것이 적합한 방식입니다. 평소에 다양한 종류의 문서를 읽고, 앞서 설명한 프로세스대로 이해한 후, '나의 언어'로 정리하는 습관을 들이는 것이 좋습니다.

최근 이용자가 많아진 AI 툴을 이용한 요약 서비스가 어느 정도 도움이 될 수 있습니다. 하지만 요약이 내가 원하는 최종 결과물이라면 문제가 되지 않지만, 요약을 활용하고자 한다면 AI가 해준 요약은 크게 힘을 발휘할 수 없을지 모릅니다. 내가 요약하지 않으면 내 글이 아니기 때문입니다.

또한 문서는 작성자의 표정을 담고 있지 않은 점을 명심해야 합니다. 2~3년 차 팀장이라면 사내에서 유통되는 공식 문서를 많이 접하지 못했을 가능성이 높습니다. 작성자의 마음가짐이나 감정 상태까지 이해하는 것이 이해력을 높이는 데 도움이 됩니다. 그래서 정확한 의미를 알기 어렵거나 보다 깊은 맥락 정보를 알고 싶다면 문서를 들고 직접 작성자를 찾아가는 것이 좋습니다.

문서로 대화하자…
문서 작성

팀을 맡은 지 얼마 안 된 2~3년 차 팀장은 문서 작성에 부담을 가지게 마련입니다. 그래서 예전에 비슷한 업무에서 생산된 문서를 구하게 되고, 비슷하게 작성해 보려고 합니다. 물론 기본 형식을 익히는 데는 도움을 받을 수 있습니다만, 유의할 점이 있습니다.

사내 문서 형식은 일종의 '언어'와 비슷합니다. 같은 말을 써야 서로 뜻이 통하듯이 동일한 형식으로 쓴 문서는 자주 봤기 때문에 읽기 편합니다. 또한 필요한 사항을 미리 정해 둔 탓에 작성에 들어가는 수고를 덜어주기도 합니다. 이는 소통의 효율성을 높여줍니다. 다만 소통의 효과성까지 담보할 수 있을지는 생각해 봐야 합니다.

문서는 항상 목적을 가지고 있습니다. 우리는 문서를 통해 상대에게 정보를 알려주거나 의사결정을 유도하거나 협조를 구하기도 합니다. 기본적으로 통용되는 공통 형식을 따르되 목적을 가장 잘 전달할 수 있는 형식인지 검토합니다. 상대의 결심을 얻어야 하는 기획서나 제안서의 경우에는 더더욱 형식 개선을 고려할 필요가 있습니다.

또한 같은 문서라고 해도 읽는 사람마다 다른 관점과 시각에서 문서의 내용을 살핀다는 점을 알고 작성해야 합니다. 사내에서도 부서마다 다른 이해관계를 가지고 있습니다. 일반적으로 영업·마케팅 부서는 확장 성향을 가지고 있고, 재무·회계 부서는 안정 성향을 보이게 마련입니다. 따라서 문서를 검토하는 사람에 따라 내용을 조정할 필요가 있습니다.

오피스 드라마
장면들

회사 생활을 생생하게 그린 드라마 〈미생〉(2014)을 보면 '문서'와 관련한 여러 에피소드가 등장합니다. 그때 신입 사원의 모습과 조직의 운영은 지금과 차이가 있지만, '문서 작성'과 관련해 주목해야 할 장면이 있습니다.

장면 #1 문서는 형식이 기본이다
엘리트 출신에 스펙이 뛰어난 장백기는 부서에 배치되자마자 '사업계획서'를 작성하려고 하죠. 선배는 그의 바람과는 관련 없는 문서 정리, 내용 요약, 오타 체크 등의 허드렛일(?)을 시킵니다. 자존심이 상하고 낙심하던 장백기는 퇴사까지 결심하는데, 화가 머리끝까지 난 그는 선배와 말싸움을 하고, 선배는 훈계합니다.

"철강팀 신입인 장백기 씨가 읽어야 할 파일(문서)은 산더미입니다. 그러나 장백기 씨는 오자마자 사업보고서부터 들이밀었습니다. 철강팀 파일들을 읽기도 전에 말이죠."

문서는 정보를 담고 있습니다. 조직에서 생산된 문서라면 일정한 형식을 갖추고 있죠. 선배는 장백기 사원이 형식에 익숙해지길 바랐습니다. 같은 물이라도 컵에 담긴 물과 조리개에 담긴 물의 쓰임새는 다르기 때문입니다.

장면 #2 형식 위에 목적이 있다

영업3팀은 내년 사업계획 수립에 며칠을 쏟아붓고 있었습니다. 뾰족한 수가 없어 고민 중에 장그래가 아이디어를 냅니다.

"요르단 중고차 수출 건을 우리가 해보면 어떨까요?"

순간 모두 당황스러워합니다. 사실 요르단 건은 비리가 발생해서 담당자가 인사 조치돼 묻힌 건이었기 때문입니다. 수익성은 있지만 부정 탄 사업이라 맡으려 하지 않습니다. 영업3팀 오 과장만이 관심을 보입니다. 사업에서 비리를 걷어내고, 사업만 보기로 결정합니다.

영업3팀의 돌출 결정이 주목을 끌게 돼 사내 발표를 통해 추진 여부를 결정하게 되고, 발표 문서 작성에 들어갑니다. 회사의 문서 형식을 따른 FM(야전 교범) 같은 문서를 만듭니다. 하지만 장그래는 자신하기 어려웠습니다. 그래서 형식을 뒤집자고 제안합니다. 다른 직원들은 촉박한 일정을 들어 반대했지만 우여곡절 끝에 문서를 재작성합니다.

사업 제안 PT날 형식을 뒤바꾼 발표 문서에 초반에는 임원들이 이구동성으로 불만과 지적질을 해댑니다. 하지만 형식을 넘어선 문서의 내용은 그들을 사업 내용에 집중하게 했고, 결국 사업 추진은 승인됩니다.

익숙함은 편안함을 가져오는 대신, 완전히 다른 사고를 하지 못하게 만듭니다. 주제에 따라 파격적 형식이 필요한 순간도 있습니다.

장면 #3 목적은 상대마다 다르다

안영이 사원이 있는 자원팀에는 재무팀에 까인 사업기획안이 여러 건 있습니다. 선배들은 짓궂게 그녀에게 자신들도 승인받지 못한 기획안을 주며 재무팀에 기안해 보라고 합니다. 괜한 헛수고를 시킬 심산이었습니다. 도통 재무팀의 거부 이유를 알 수 없던 안영이는 재무팀이 검토한 문서를 받아 날을 새며 분석합니다. 다음 날 재무부장을 찾아가 이렇게 말합니다.

"거부된 이유를 잘 모르겠습니다. 사실 느낀 지점은 있었습니다. 먼저 같은 기획서라도 각 부서의 입장에 따라서 해석이 달라질 수도 있겠다 싶습니다. 영업팀 입장에서는 가능성이 있겠다는 말은 재무팀한테는 좀 더 따져봐야 한다는 의미로 들릴 수 있고, 마찬가지로 긍정적이라는 말은 아직은 아무것도 결정된 것이 없다고 읽힐 수 있겠다 싶습니다."

내가 적은 같은 말도 읽는 이에 따라 다르게 해석될 수 있습니다. 이점을 명심해야 상대를 납득시키고 원하는 방향대로 이끌 수 있습니다.

문서의 특성과
유의 사항

앞서 언급한 문서 작성상의 형식과 목적을 염두에 두고, 다양한 문서 형태에 따라 유의할 점을 아래와 같이 정리했습니다.

공문서

- 공적 효력을 나타내는 문서이므로 5W1H(왜, 누가, 언제, 어디서, 무엇을, 어떻게 등) 내용의 누락이 없는지, 정확히 기술됐는지 확인합니다.

- 장황하게 문장으로 나열하기보다는 '~음' '~함' 등으로 단락을 끝맺으며, 요약 문체로 씁니다. 일반 기업에서 공문서를 작성하는 경우는 대부분 행정기관에 발송하는 경우가 대부분입니다. 따라서 '공문서 매뉴얼' 등을 참고해 권장되는 형식에 따라 작성해야 합니다. 만약 주무 부처와 대관 업무 또는 규제 관련 업무를 전담하는 경우라면 관련 법률·시행령·시행규칙·조례·훈령·예규·지침 등을 꼼꼼히 숙지하는 것이 좋습니다.

- 문서 내용이 명확하게 이해되지 않을 가능성이 있다면 문서 송부 후 미팅이나 전화를 통해 상대에게 정확한 의미를 설명할 수 있습니다.

공문서의 경우 행정적 영향을 직접 초래하므로 규제 당국과 소통하는 데 내용의 명확성은 필수입니다.

기획서

- 상대에게 어필해서 내가 원하는 행동을 취하도록 설득해야 하므로 상대가 원하는 바를 우선 고려하고, 내가 어떤 수단을 통해 그 니즈를 맞출 수 있을지 판단합니다.
- 상대가 해당 내용을 알고 있다면 두괄식 형태로 핵심 내용을 요약해 서두에 배치합니다. 이는 시간을 절약하는 데 도움을 줄 뿐만 아니라 내 주장을 앞과 뒤에서 두 번 펼치는 작용을 하게 됩니다.
- 분량이 많은 것보다 내용이 함축적으로 들어 있는 형태로 구성합니다. 필요 없는 참조 자료를 잔뜩 붙이는 행태는 나의 주장을 희석하는 효과를 가져올 수 있습니다.
- 인용한 자료나 참고한 소스는 확실히 점검합니다. 원데이터가 아니라 인용된 자료를 보고 레퍼런스를 정리할 경우, 오답을 오답인 채로 베끼는 오류를 범할 수 있습니다.

예: "현대 경영학의 아버지로 불리는 피터 드러커는 측정할 수 없으면 관리할 수 없고, 관리할 수 없으면 개선할 수 없다는 유명한 말을 남겼다." 피터 드러커는 이런 말을 한 적이 없습니다. 이를 마음먹고 검증하는 누군가에게 발각된다면, 큰 후과를 맞을 수 있습니다.

보고서

- 일반적으로 보고서를 검토하는 상대는 시간에 쫓기는 경우가 많습

니다. (기획서와 유사한 측면이 많다) 따라서 핵심 내용을 한눈에 파악할 수 있는 시각화 기술이 필요합니다. 조직 내에서 잘 정리된 보고서의 샘플을 얻어 어떻게 작성하는지 힌트를 얻을 수 있습니다.

• 보고서를 작성하는 실무자는 보고 내용의 설명에 신경을 쓰는 경우가 일반적입니다. 다만 보고서를 검토하는 상급자는 보고 내용 자체보다 내용이 현실화됐을 때 파급력에 큰 관심을 갖게 됩니다. 따라서 보고서 작성을 서론-본론-결론 식으로 선형적으로 접근하기보다 결론 이후의 상황을 먼저 가정한 후 역순으로 작성하는 것도 좋은 접근법이 될 수 있습니다(물론 상급자의 이해도가 낮거나 사내에서 처음으로 제기하는 이슈를 담은 문서라면 선형적 접근이 효과적일 수 있습니다).

예: RPA(로보틱 프로세스 자동화) 추진 방향 보고 시,

선형적 접근: RPA 정의와 특성 등을 설명, 장점과 위험성 언급, 추진 방향 제시

역순 접근: RPA 구현 시 미래 모습(기대효과 중심), 위험성과 고려 사항

문자로 대화하자…
메신저 & 협업 툴

몇 년 전부터(아마 PC 카카오톡이 활성화한 시점쯤), 업무 시간 외에도 쉴 새 없이 울리는 카카오톡 메시지 알림음 때문에 회사 생활이 힘들다는 불만이 많았습니다. 그리고 지금도 여전히 업무 시간 외에도 도착하는 메시지 때문에 스트레스를 받는 분이 많은 듯합니다. 이는 비교적 최근의 언론사 설문조사 결과로도 확인할 수 있네요(조선일보, 직장에서 극혐 카톡 1위는… "업무 시간 끝났는데 말 거는 상사", 2024.08.15). 업무 시간 외 메시지가 가장 싫다는 항목이 아직도 1위라는 건 비대면 업무 대화 시간이 언제까지인지 명확히 구분하기 어렵다는 얘기겠지요.

그래서 최근에는 많은 회사에서 사내용 메신저를 사용하고 있습니다. 개인적 성향이 강한 카카오톡보다는 업무 환경에 최적화된 편이고, 무엇보다 업무용으로만 사용할 수 있어 개인적 메시지 공간과 분리가 가능하다는 게 큰 장점입니다. 업무용이니 업무 시간에만 사용한다는 인식도 강해졌고요. 그리고 팬데믹 기간을 거치며 이제는 어느 정도 익숙해진 비대면 업무 시에 소통의 불편함을 줄여줄 수 있도록 다양한 편의 기능도 제공하는 업무용 메신저는 이제 회사에서 없어서는 안 될 중요한 도구가 됐습니다.

그렇다면 생산성을 높여준다는 협업 툴은 어떨까요? 아틀라시안, 노션, 플로우 등 공동 문서 작성이나 업무 관리용 도구부터 구글워크스페이스, 오피스365, 피그마 등 함께 결과물을 만드는 서비스까지, 여러 사람이 한 공간에서 작업할 수 있게 해주는 도구가 많이 생겼습니다. 인터넷만 연결돼 있다면 어디서든 접속할 수 있는 뛰어난 접근성, 일일이 문서로 만들고 파일로 저장하고 버전 관리하는 번거로움에서 벗어날 수 있는 편리함, 글뿐만 아니라 첨부파일, 도표, 여러 사람의 의견 관리까지 한곳에서 모두 해결할 수 있는 다양한 기능을 갖춘 협업 툴 역시 사내 메신저와 함께 회사의 필수품이라 할 수 있습니다. 어떤 회사는 채용 공고에 사내에서 어떤 도구를 사용하는지 자랑스럽게 알리기도 합니다. 효율적 업무 도구를 도입해 좋은 업무 환경을 만들고 있다는 의미겠죠.

메신저와 협업 툴을 쓰는 장점을 좀 더 세부적으로 살펴보면 이렇습니다.

1. 작업 대화와 결과물이 잘 전달된다

이건 가장 큰 장점으로 꼽힙니다. 내가 오늘 회사가 아닌 집에서 재택근무를 하더라도 전혀 문제가 없죠. 메신저 창에 올린 내 메시지로 내 의견이 모두 전달됩니다. 협업 툴에서 작성하고 만든 내 결과물은 실시간으로 동료들과 공유됩니다. 혹시 메신저를 확인하지 못할까 걱정할 필요도 없습니다. 동료의 휴대전화 앱으로 푸시 알림이 이미 갔으니까요. 작업물을 못 봤을까 염려하지 않아도 됩니다. 같은 공간에 참여한 동료들의 노트북 알림창에 새로운 업데이트 알림이 뜨니까요.

최근의 메신저와 협업 툴은 계속 발전하면서 단순히 대화창에서 대화를 하거나 공동 업무 공간을 제공하는 것을 넘어 그 내용을 잘 알려주는 기능이 점점 좋아지고 있습니다. 그래서 메신저와 협업 툴을 잘 활용하는 회사들은 팬데믹이 끝났음에도 원격근무를 유지하는 경우가 많습니다. 알림을 통해 동료들과 소통을 원활하게 할 수 있기 때문이죠.

2. 말주변 없어도 괜찮은 환경을 조성한다

스스로를 내향적이라고 생각하는 분들에게 메신저만큼 좋은 소통 도구가 있을까요? 평소에 아무도 자신을 찾지 않을 때 마음이 가장 편하다고 말하는 직원이 있다고 가정해 봅시다. 어느 날 얼굴도 자주 보기 힘든 다른 부서 동료에게 먼저 이야기해야 하는 상황이 생겼다면, 만나기도 전부터 마음이 불편할 겁니다. 인사말은 어떻게 하고, 서론 본론 결론은 어떻게 맞춰가며 말해야 하고, 대화 중간에 맞장구는 어떻게 치고 추임새는 어떻게 넣어야 할지···. 메신저는 이런 고민을 상당 부분 해결해 주는 훌륭한 도구입니다. 간단한 인사 후에 바로 본론으로 들어가도 되고, 짧은 인사로 대화가 대부분 마무리되니까요. 당연히 추임새도 그다지 필요 없겠죠.

협업 툴도 비슷한 장점이 있습니다. 예전에는 말로 설명해야 하는 시간이 꼭 필요했습니다. 하지만 협업 툴을 쓰면 대부분 공통으로 사용하는 기능을 바탕으로 함께 작업하기 때문에 길게 설명하지 않아도 상당 부분 함께 일하는 사람들이 이해하는 결과물을 공유할 수 있습니다. 혹시 궁금한 점이 있어도 협업 툴에서 제공하는 댓글 기능을 이용해 소통할 수 있으니까요. 설명하는 시간을 줄이니 내 본래 업무에 더 집중할 수 있다는 장점도 생깁니다. 협업 툴은 일부러 말하는 시간 자체를 줄여주는 역할이 크기 때문에, 말하는 것을 어려워하는 사람도 소외되지 않는(?) 환경을 만들어줍니다.

3. 공동 작업이지만 한 사람이 작업한 듯하다

여러 사람이 함께 작업했는데 한 사람이 한 것 같은 결과물을 만들 수 있다는 점도 협업 툴의 장점으로 꼽힙니다. 다섯 명이 함께 하나의 기획안을 작성한다고 생각해 봅시다. 협업 툴이 없던 시절에는 일단 문서 파일이 다섯 개나 나왔습니다. 한 사람이 대표로 형식과 규칙을 꼼꼼히 정해 줘도 각자의 개성이 드러나는 다섯 가지 유형의 결과물이 나오는 게 다반사였죠. 그걸 누군가는 하나의 파일로 합치는 중요한 일을 맡게 되고, 합쳐진

파일도 수정을 거듭하며 최종, 최최종, 진짜 최종, 파이널 같은 단어를 파일 이름에 열심히 붙이면서 파일 개수를 늘려가야만 했습니다.

이 과정이 획기적으로 바뀌기 시작한 건 협업 툴이 널리 쓰이면서부터입니다. 우선 문서 파일 없이 웹에서 공동 작업 공간을 만들고 거기에서 모두가 동시에 작업합니다. 형식이나 규칙이 달라지는 부분은 그 자리에서 바로 수정하고 고칠 수도 있죠. 한 사람이 모두의 작업물을 합쳐야 하는 불합리한 점이 없어진 겁니다. 바로 편집이 가능하고, 작업 즉시 저장되니 버전 관리를 하지 않아도 됩니다. 수정 의견도 같은 공간에서 모두 확인할 수 있어 불필요하게 작업자를 모을 필요도 많이 줄었습니다. 업무에 들인 시간은 줄었는데, 결과물은 예전보다 더 빨리, 더 좋게 만들 수 있게 된 것입니다.

이렇게 장점이 많은 메신저와 협업 툴이지만 사용하면 정말 좋기만 할까요? 밝은 빛 뒤에는 그만큼 짙은 그림자가 있기 마련입니다. 만약 내가 메신저와 협업 툴이 활발히 사용되는 곳에서 일하고 있는데도 소통에 문제가 있거나, 정보가 잘 공유되지 않거나, 생산성이 예전과 크게 다르지 않다면 혹시 이런 이유는 아닌지 생각해 보면 좋겠습니다.

손가락이 바쁜
키보드 워리어

질문과 대답을 모두 메신저로만 하는 사람들이 있습니다. 왜 그럴까요? 움직이기 귀찮아서? 말하는 게 두려워서? 의외로 이렇게 하는 이유가 자신이 말로 질문하거나 대답한 것을 혹시나 잊어버릴까 봐 '기록으로 남겨야만' 안심된다고 주장하는 경우가 많다고 합니다. 심지어 말하거나 질문하러 가는 도중에 잊어버리면 어쩌나 걱정하는 사람도 있습니다.

물론 메신저에 남겨두면 기록이 되긴 합니다. 그런데 "이건 뭔가요?"라든지, "그래서요?"라든지, "네." 같은 너무 짧아서 이게 과연 기록으로 남길 만한 건가 싶은 내용까지 모조리 메신저에 다 있다면, 나중에 그 메신저의 내용을 보고 내가 정작 잊지 말아야 할 내용들을 잘 찾을 수 있을까요? 메신저가 대화하는 용도인 건 맞지만, 녹음기는 아닙니다. 더군다나 그렇게 열심히 남겨둔 메신저가 일대일 대화가 아닌 여러 동료가 함께 보는 공간이라면 내 기록을 원하든 원하지 않든 동료들은 그 대화 내용을 모두 읽어야 합니다. 나에겐 기록일지 몰라도 누군가에겐 불필요한 메시지가 될 수도 있는 게 메신저라는 점을 기억해야 합니다.

무심코 던진
돌에 맞는다

꾸밈말이 굳이 없어도 충분히 대화가 가능한 게 메신저지만 어디까지나 동료와 상사, 후배 직원과 나누는 업무 대화라는 점을 잊지 말아야 합니다. 이 점을 잊고 다소 날카롭고, 그래서 누군가에겐 큰 상처가 될 수 있는 말을 메신저와 협업 툴에서 거리낌 없이 하는 경우를 한 번쯤은 겪어본

분이 많을 겁니다. 같은 뜻의 말이라도 표현 방식에 따라 상대가 받아들일 때의 감정이 어떨지 생각해 봐야 합니다. 나는 나쁜 뜻이 없으니 하고 싶은 말 다 해도 괜찮다고 생각했다면 그건 반드시 고쳐야 합니다.

특히 메신저로 대화할 때나 협업 툴에서 의견을 달 때 주의할 점이 있다면 '닫힌 대화'를 최대한 하지 않는 것입니다. 닫힌 대화란 대화를 받아들이는 상대방이 마음의 문을 닫게 만드는 말입니다. 몇 가지 예를 들어보겠습니다.

- 이게 뭔가요? / 이게 뭐예요?
- 왜 이렇게 한 건데요?
- 이런 건 필요 없어요.
- 죄송한데 별로네요. (이런 말을 굳이 할 거라면 죄송하다는 서두는 붙이지 마시기 바랍니다.)

이런 말을 내가 들었다고 생각해 보면 어떤 느낌이 드나요? 대부분 비슷한 느낌을 받을 겁니다. 나를 향해 매우 공격적이라는 느낌을 지울 수가 없죠. 말한 사람이 아무리 나쁜 뜻이 없었다고 해도 이렇게 직설적이고 공격적으로 들리는 문장을 기분 좋게 받아들이기는 쉽지 않습니다.

특히 팀장이 평소에 이런 말을 자주 한다면 이미 팀원들 마음의 문은 닫힌 것을 넘어 열 수 없는 빗장이 걸렸을지도 모릅니다. 반면 이런 대화 내용을 쓴 사람 입장에서는 억울할 수 있습니다. 욕을 한 것도 아니고 감정을 실은 것도 아닌데 그냥 그렇다고 말한 건데 어쩌라는 건지 모르겠다는 입장이 많죠. 이런 분들의 오해를 푸는 방법은 뒤에서 설명하겠습니다.

분명한 건 이런 식으로 메신저에서 말하면 문제가 생길 가능성이 높다는 점입니다.

안드로메다로 간
과거 이력

몇 시간 전 내가 한 이야기를 메신저에서 찾으려고 하는데 스크롤을 수십 번 위로 올려도 안 나오는 경험을 한 적이 있나요? 혹은 공동 작업물이 어제까지는 이런 내용이 아니었는데 오늘 아침 보니 새롭게 바뀐 경험을 한 적이 있나요? 첫 번째 경우는 너무 많은 내용 때문에 정작 필요한 내용을 찾기 어려운 메신저의 문제고, 두 번째 경우는 수정한 내용을 그대로 덮어쓰는 협업 툴의 특징 때문에 생긴 문제입니다. 특히 메신저의 경우 위에서 말한 과도한 기록도 이런 문제를 일으키는 원인이 됩니다. 소통을 활발하게 하고 생산성을 높이기 위해 쓰는 게 메신저와 협업 툴인데 이런 상황이라면 오히려 말로 하는 게 더 빠르고, 버전 관리를 하는 게 차라리 이력 관리하기에는 편하겠다는, 이른바 '현타'가 오는 경우가 많습니다.

이는 메신저와 협업 툴의 본질을 제대로 이해하지 못하고 그냥 사용하는 데서 오는 문제입니다. 둘의 공통점은 '현재 시점'이 기준이라는 겁니다. 이전에 있던 기록은 저장은 하지만 바로 보여주지는 않습니다. 윈도우의 문서 폴더처럼 공간에 저장하는 개념과 반대로 시간 순서대로 나열하는 형태인 거죠. 시간이 지날수록 그 기록은 점점 멀어지는 게 당연합니다. 그러니 저 멀리 떨어져 있거나 이미 다른 것으로 덮어버린 기록을 찾느라 멀어진 시간만큼 찾는 시간을 들여야 하는 겁니다.

메신저와 협업 툴은 소통과 생산성이라는 두 마리 토끼를 잡는 데 이만한 도구가 없지만, 잘못 쓰면 부작용이 장점보다 더 커질 수 있는, 양날의 검과 같은 도구입니다. 이것들을 사용해 소통도 잘하고 생산성도 높이려면 사용할 때 다음과 같은 점을 명심하면 도움이 될 겁니다.

내용은
정제해서 업로드

기록을 남긴다는 이유로, 말로 나눈 이야기를 잊어버릴까 봐, 떠오르는 내용을 그대로 정리 없이 생각나는 대로 적어두는 습관이 있다면 고쳐봅시다. 메신저와 협업 툴이 업무에 대한 대화를 하고 그 내용을 쉽게 공유할 수 있게 해주는 건 맞지만, 개인적으로 카카오톡 쓰듯이 사용하는 건 피해야 합니다. 메신저에는 대부분 업무 관련 내용이 오가기 때문이죠. 업무를 할 때에는 문제나 정보를 알리고 공유한 뒤에는 하나의 합의된 내용으로 모아서 정리하는 작업이 꼭 필요합니다. 그래서 메신저에서 많은 대화가 오갔고, 그 업무로 여러 이야기를 나눴다면 이렇게 해보는 걸 권합니다.

- 메신저의 대화 히스토리 중 중요 부분만 발췌
- 자신이 먼저 진행 방향이나 해결이 필요한 이슈로 요약

- 해당 내용을 소속된 팀원들 또는 동료들과 대화
- 최종 정리한 내용을 메신저에 작성
- 상단 공지 또는 고정 기능 등을 활용해서 해당 업무가 종료될 때까지 공유

이렇게 하면 질문과 답변이 끝없이 반복되거나, 그래서 뭘 어떻게 하라는 건지 알기 어려운 대화가 확실히 줄어듭니다. 정리된 내용이 있기 때문이죠. 정리된 내용은 모두가 함께 동의한 내용이니 나도 알고 모두가 아는 내용일 겁니다. 메신저라고 해서 끝없이 말을 주고받는 공간이 아니라는 점을 알면 메신저로 대화하는 게 조금은 덜 힘들어질 겁니다.

내용이
명확한 소통

직접 만나서 하지 않고 메신저로 업무를 지시하거나 요청해야 할 때가 있습니다. 상대방이 재택근무 중이라 직접 만나서 지시하거나 요청하기 어려운 경우가 그렇죠. 그런데 메신저로 지시나 요청을 하는 게 참 어렵다고 말하는 분이 많습니다. 직접 만나서 하는 지시나 요청에 비해 메신저로 하는 게 어려운 이유는 상대방이 내용을 한 번에 이해하기 어려운 경우가 많은 데 있습니다. 말로 하면 열 마디 안에 끝날 이야기를 글로 쓰면 이것저것 다 넣어야 할 것 같아서 넣다 보면 어느새 내용이 길어집니다. 자세하다고 상대방이 다 이해한다고 생각하면 큰 착각입니다. 불필요하게 자

세한 글은 요점을 파악하기 어려워 결국 "이게 무슨 말씀이신지요?" 라는 답변이 돌아오곤 합니다.

어떻게 하면 무슨 말이냐는 질문이 나오지 않게 깔끔한 업무 지시와 요청을 할 수 있을까요? 우선 쉽게 써주세요. 내 지시와 요청 내용을 중학교 2학년이 보고 이해할 수 있어야 한다고 생각하고 쓰는 겁니다. 막상 해보면 결코 쉽지 않습니다. 중학생을 이해시킨다는 건 모든 사람을 이해시킨다는 것과 비슷하기 때문이죠. 예를 들어 지금까지 '요건정의'라는 말을 써왔다면 '요구사항 내역'이라는 말로 바꿔보면 어떨까요? '~~에 대한 애로 사항으로…'라는 문장이 있었다면 '~~업무에 방해가 되어'로 달리 써보는 겁니다.

또 하나 중요한 점은 내용을 보고 상상하지 않도록 해야 한다는 겁니다. 상상한 게 맞는지 질문이 나오는 건 어쩌면 당연합니다. 상상하게 하는 게 아니라 이해할 수 있도록 준비해야 합니다. 내용을 이해하는 데 도움이 될 만한 참고 자료를 충분히 준비해 주세요. 문서, 이미지, 동영상, 경쟁사 벤치마킹 자료 등 업무를 이해하는 데 도움이 될 수 있는 자료를 모두 동원하는 걸 추천합니다.

여기에 꼭 필요한 내용은 빠짐없이 넣는 것도 반드시 필요하겠죠. 지시나 요청을 하게 된 배경, 이유나 목적, 해야 할 업무 항목, 꼭 해야 하는 일과 추가로 들어가면 좋은 요소들, 그리고 업무 기한은 기본적이고 필수적인 내용입니다. 이 정도가 없으면 메신저로 지시나 요청을 대충 던지는 사람이 될 수 있습니다.

한 번의 실수에도 민감하게 반응하고 예민하게 평가하는 요즘에는 더욱 더 중요하게 여기고 조심할 필요가 있습니다.

예의와
유머

앞에서 언급한 닫힌 대화의 예시를 보면 특징이 있는데, 닫힌 대화에는 '예의가 없다'고 느끼는 사람이 많다는 점입니다. 이 글을 읽고 있는 여러분도 이런 사람으로 낙인찍히고 싶지는 않을 겁니다. 평소 회사에서 동료들과 편하게 대화하더라도 메신저와 협업 툴에서는 조금 더 격식을 갖추고 예의 바르게 이야기할 것을 강력히 권합니다. "확인 바랍니다"라는 말로도 충분히 의사 표현이 되겠지만 그보다는 "확인 요청합니다" 또는 "확인 부탁드리겠습니다"로 부드럽게 의사를 전달해 보세요. 함께 일하는 동료로서 '~바랍니다'라는 말투는 누군가에게는 지시하는 느낌으로 들릴 수 있습니다. 요청하거나 부탁한다고 예의를 갖춘 내용을 보고 함께 즐겁게 일하는 동료들이 무시하거나 쉽게 거절하지는 못할 겁니다.

기본적으로 예의를 갖췄다고 자신하는 분이라면, 가끔은 유머 감각을 더해 보는 것도 메신저나 협업 툴 공간에 활기를 불어넣는 방법이 될 수 있습니다. 기획안이 윗선에 보고됐는지 궁금해하는 동료가 전달 여부를 물어왔을 때 이렇게 답하는 게 예가 될 수 있겠네요. "이미 두 시간 전에 보고 메일을 보냈는데, 상무님이 번호표를 뽑고 기다려달라고 하시네요. 순서가 오면 바로 알려드릴게요." 사실 그리 재미있는 말은 아니지만, 단순히 "아직 상무님 대기 중입니다"라고 하는 것보다는 한결 부드러운 분위기를 만들 수 있을 겁니다. 질문한 동료는 "번호표래, ㅎㅎㅎ"하고 웃고 넘어갈 수도 있고요. 감정을 쉽게 알 수 없는 메신저와 협업 툴이라는 공간에서 웃음을 주는 요소는 재미를 넘어 상대방에게 배려받고 있다는 느낌도 줄 수 있는 좋은 요소입니다. 다만 한 가지, 유머 감각보다 예의가 먼저라는 점을 꼭 기억하세요. "저 사람은 예의는 없는데 웃겨"라는 말은 칭찬이 아닙니다. "저 사람 친절한데 가끔 웃기기까지 해"가 칭찬입니다.

메신저와 협업 툴은 이제 회사라면 당연히 갖춘 업무 환경입니다. 회사 환경의 가상공간이라고 할 수 있죠. 다만 공간의 성격이 다르기에 오프라인과는 다른 점을 이해해야 하며, 오프라인에서는 필요하지 않던 능력이 필요한 겁니다. 이 글을 통해 회사뿐만 아니라 어느 공간에서 일하더라도, 메신저와 협업 툴로 잘 소통하고 좋은 성과를 내는 여러분이 되길 바랍니다.

PART

4

2~3년 차 팀장의 **자기 소통**

자기 회고하는
법

　제 인생에서 가장 부끄럽고 힘들었던 시기에 대해 말씀드리고자 합니다. 팀장 직책을 받은 첫해, 저는 처참하게 실패했습니다. 성과·조직관리는 말할 것도 없이 최악이었고, 다른 팀장과 관계도 삐걱거렸죠. 우리 팀의 실수로 다른 팀이 뒷수습을 하는 일이 여러 번 있었습니다. 잘 해내겠다는 다짐은 한 분기가 지나기 전에 물거품이 돼버렸습니다. 하루에도 열두 번씩 '내가 왜 리더가 됐을까?' 하는 생각을 많이 했지요. 술만 마시면 울고불고, 퇴근길에 눈물을 흘리며 집으로 향한 날이 부지기수였습니다. 사실 지금도 그 시절을 떠올리고 싶지 않습니다.

그 시기 기억을 담은 기록이 하나 있습니다. 바로 제 일상을 기록한 것인데요. 팀장이 되고 실수를 연발하던 어느 시점부터 쓰기 시작했습니다. 부지런할 때는 매일, 술 한잔한 다음 날은 2~3일에 한 번씩 기록했더군요. 당시 저는 블로그를 기록 도구로 사용했습니다. 지금은 기록용 앱이 많이 나왔지만, 10여 년 전에는 블로그가 무언가를 기록하기에는 가장 접근성이 좋았거든요. 물론 모두 비공개 포스트입니다. 지금 다시 읽어보니 참 볼품없고 가엾게도 느껴집니다. 다른 팀장 험담하기, 클라이언트 탓하기, 회사와 대표 비난하기, 나 자신 헐뜯기 등 하지 말아야 할 온갖 행동이 글에 담겨 있는, 말 그대로 흑역사입니다.

이런 부끄러운 시절을 먼저 꺼낸 것은 기록이 가져온 반전 때문입니다. 약 1년 정도 이런 기록을 하다 보니 글의 내용이 조금씩 변화했습니다. 비난과 거친 말로 가득 찼던 제 포스트는 어느 순간부터 형식이 달라졌습니다. 바뀐 글의 공통점을 보면 이런 형태입니다.

- 오늘 있었던 일 세 가지로 요약
- 오늘 제일 잘한 것 한 가지
- 오늘 제일 잘못한 것 한 가지
- 내일 할 일
- 오늘의 나 자신에게 한 마디

제 거친 성격이 완전히 바뀐 건 아니라서 과격한 말투가 완전히 사라지지는 않았지만, 두서없이 쓴 일기보다 좀 더 정돈된 모습이죠. 반성문 같기도 하고, 보고서 같기도 하고, 팀 프로젝트 리뷰 같기도 한 이 기록을 더는 매일 쓰지 않게 됐을 즈음, 저는 첫해와는 많이 다른 모습의 팀장으로 성장해 있었습니다.

내가 바뀐 계기,
자기 회고

10년도 더 전에 제가 남긴 글들이 바로 자기 회고록입니다. 요즘엔 많은 회사에서 회고 문화가 자리 잡았죠. 이는 조직 활동의 긍정적인 한 부분이라고 생각합니다. 여러분도 업무 회고, 장애 회고, 연간 업무 회고 등을 한 번쯤 경험해 보셨을 겁니다. 그런데 한번 생각해 보세요. 자기 자신에 대한 회고는 해본 적 있나요?

하루를 돌아보거나, 매일이 힘들다면 주 단위나 월 단위로라도 자신의 상태를 점검해 보고 좋았던 점, 아쉬웠던 점을 기록으로 남겨본 경험 말입니다. 바쁘고 피곤한 일상에 무슨 기록이냐 싶겠지만, 자기 회고는 스스로를 바로잡고 내면과 소통할 수 있는 훌륭한 도구입니다. 이를 통해 다른 사람들과 소통하는 나의 모습, 그 순간의 내 상태, 내가 하는 말과 행동을 객관적으로 들여다보는 시간을 보낼 수 있죠.

제가 처음 팀장이 돼 실패한 원인은 무엇일까요? 물론 역량 부족과 미숙한 리더십이 주된 이유였겠지만, 가장 근본적 원인은 소통의 부재였다고 봅니다. 그때의 저는 남의 말을 들을 줄 모르고, 제대로 된 대화를 나눌 줄 모르며, 상황을 정확히 파악하지 못하는 상태였습니다. 게다가 지금보다 훨씬 고집이 셌죠. 기획자로서 어느 정도의 뚝심은 필요하지만, 그때의 저는 그저 완고함만 가득했습니다. 남 말을 들으면 지는 거라는 해괴한 사고방식을 가지고 있을 때입니다.

당시 제 회고 포스팅에 이런 내용이 있었어요. 오늘 잘한 일 중 하나로 "○○○ 차장님이 제안한 방법을 그대로 따랐더니 전보다 일이 빨리 해결됐다"는 걸 꼽았더군요. 아마도 이때를 기점으로 제가 듣는 귀와 소통하는 입을 가져야 한다는 걸 깨달았던 것 같아요. 시간이 지나면서 제가 잘한 일들 대부분에는 누군가의 조언을 들었거나, 누군가와 원만히 협의했거나, 누군가의 이야기에서 힌트를 얻은 등 '누군가'와 소통이 빠지지 않고 있었습니다.

나를 알아야
남에게 나를 어필할 수 있다

회고록을 쓰기 시작한 지 한참 후에야 소크라테스의 "너 자신을 알라"는 말의 의미를 조금씩 이해하게 됐습니다. 그 이유는 바로 우리 자신의 강점과 약점을 가장 잘 아는 사람이 바로 우리 자신이기 때문입니다. 하지만 실제로 우리는 그 강점을 언제 활용해야 하고, 약점을 어떻게 보완해 나가야 할지 모르는 경우가 많아 소통이 어렵고 함께 일하기 힘든 사람이 되곤 합니다.

예를 들어, 문서 작성은 잘하지만 프레젠테이션에 약한 팀장을 생각해 봅시다. 이런 팀장이 자신의 강점을 잘 활용한다면 어떨까요? 팀원들에게 문서 작성 팁을 제공하거나 공통 양식을 만들어 공유할 수 있겠죠. 그리고 약점을 보완하기 위해 프레젠테이션을 잘하는 팀원에게 그 역할을 맡길 수 있습니다. 하지만 이런 강점과 약점을 제대로 활용하지 못한다면, 팀원들의 문서를 혼자 야근하며 고치고, 긴장된 자세로 프레젠테이션까지 도맡아 하느라 고생할 겁니다.

자기 회고는 문제 상황을 개선할 수 있는 방법 중 하나입니다. 하루를 돌아보며 좋았던 점은 자신의 강점으로 발전시키고, 아쉬웠던 점은 정리해서 개선하거나 재정비하는 시간을 갖는 것이죠. 앞서 말한 예시의 팀장이 제가 처음 팀장 때 썼던 회고 형식으로 작성한다면 이런 모습일 것 같습니다.

오늘 있었던 일 세 가지로 요약

1. ○○○ 대리 엑셀에 수식 하나도 안 걸려서 일일이 다 걸었음
2. ○○○ 님, □□□ 님 작성 PPT 세 번 수정, 마지막에 내가 한 번 더 수정
3. 이사님(놈)한테 보고했는데 지적질 한 바가지. 팀장이 초딩처럼 말한다고… 하…

오늘 제일 잘한 것 한 가지

- 어쨌든 마무리한 것

오늘 제일 못한 것 한 가지

- 그놈의 발표…

내일 할 일

1. 바로 써먹을 수 있는 엑셀 양식 한 가지, PPT 한 가지씩 팀원들에게 주기. 내가 너무 힘들어서 못해 먹겠다.

2. □□□ 대리가 발표는 잘하는데, 점심 먹으면서 좀 물어볼까…

오늘의 나 자신에게 한 마디

- 사람답게 좀 살자…

이게 회고인가 싶을 수도 있겠지만, 이 짧은 내용에 오늘 있었던 일과 내일의 각오가 모두 담겨 있습니다. 하루만 이렇게 쓴다면 의미 없는 낙서에 불과하겠지만, 이런 습관이 쌓여 일주일, 한 달, 반년, 일 년이 된다면 결과는 크게 달라질 겁니다. 이렇게 간단하면서도 효과적인 자기 회고를 하는 몇 가지 요령을 소개하겠습니다.

본격적으로
갖추지 말 것

자기 회고를 시작할 때 화려한 수첩부터 구매하는 등의 행동은 피하는 게 좋습니다. 이런 식으로 시작하면 대개 일주일을 넘기기 힘들어요. 오히려 그렇게 갖춰놓은 환경이 부담으로 다가올 수 있죠. 뭔가 멋진 걸 써야 할 것 같은 압박감도 생기고요.

제 경우엔 이미 있던 블로그를 활용했습니다. 블로그는 비공개 설정이 가능해서 답답한 마음을 풀어내는 대나무 숲 역할을 했죠. 처음엔 그저 마음의 응어리를 풀어내는 정도였지만, 그렇게 부담 없이 쓰다 보니 지속할 수 있었습니다. 특별한 도구를 갖추는 건 자기 회고가 익숙해지고 습관이 된 후에 해도 늦지 않아요. 제 경우 습관이 되기까지 약 6개월이 걸렸습니다.

매일 일기를 쓰는 분들에겐 익숙할 수 있겠지만, 처음 시도하는 분들은 이 정도 기간은 가장 편하고 익숙한 도구를 사용하세요. 손으로 쓰든, 블로그를 이용하든, 요즘 많이 나온 캘린더나 일기장 앱을 쓰든 상관없습니다. 본인에게 가장 쉽고 편한 방법으로 시작하세요.

나중에 자기 회고의 양이 꽤 쌓여서 읽어볼 만큼 됐을 때, 그때 특별한 회고 노트 같은 걸 스스로에게 선물해 보는 것도 좋겠죠. 저는 지금도 사실 별도의 회고 노트 같은 건 없어요. 여전히 블로그의 비공개 카테고리 하나만 사용하고 있답니다.

회고와 자아비판을
혼동하지 말 것

자기 회고를 할 때 종종 스스로를 가혹하게 비판하는 분들이 있습니다. 마치 자신을 재판하듯 글 속에서 혼내는 경우죠. 과거의 제가 그랬던 것처럼 모든 이를 비난하는 것도 문제지만, 자신에 대한 성찰이 지나쳐 자책으로 이어지는 것 역시 바람직하지 않습니다. 보통 자신에게 높은 기준을 세우고 자신의 성과에 대해 만족도가 낮은 분들이 이런 경향을 보입니다.

자기 회고의 본질은 오늘 내게 일어난 일들, 그 속에서 느낀 좋은 점과 아쉬운 점을 담담하게 기록하는 것입니다. 이 과정에서 자신을 지나치게 미워하거나 헐뜯지 않기를 권합니다. 자기비판만 계속하다 보면 오히려 자존감만 계속 떨어뜨리는 역효과가 생길 수 있어요.

누군가의 강요가 아닌, 스스로 자신을 돌아보는 이 짧은 시간은 최대한 공정한 시각으로 자신을 바라보는 시간이 돼야 합니다. 좋았던 점을 통해 자신을 위로하고, 아쉬웠던 점을 되새겨 내일은 조금 더 나은 모습으로 성장하는 것. 이것이 바로 자기 회고의 핵심입니다.

익숙한 방식으로
간단하게 해볼 것

KPT(Keep, Problem, Try) 방식은 이제 많은 분에게 익숙한 회고 방법입니다. 이 세 가지 관점으로 자기 회고를 시작해 보는 것도 좋은 방법이죠.

- **Keep**: 잘했거나 앞으로도 유지할 것
- **Problem**: 개선이 필요하거나 아쉬웠던 것
- **Try**: 앞으로 시도해 보고 싶거나 개선해 나갈 것

제가 처음 팀장이 됐을 때는 이런 방식을 전혀 몰랐습니다. 한참 후에 이 회고 방식을 알게 됐을 때, 가장 먼저 든 생각은 '그때 이걸 알았더라면 얼마나 좋았을까' 하는 아쉬움이었죠.

만약 한 달 동안 하루도 빠짐없이 이런 방식으로 자기 회고를 한다면,

여러분은 30개 이상의 잘한 점을 가진 사람이 될 것입니다. 그만큼의 자기 반성을 한 사람이 되고, 그만큼의 미래를 계획한 사람이 되는 거죠. 이는 다른 누구도 아닌, 가장 가까운 자기 자신과 소통하는 시간을 쌓아가는 과정입니다. 이를 통해 누구도 대신 만들어줄 수 없는 자신만의 강점을 발견하고 키워나갈 수 있을 겁니다.

한 번의 자기 회고에 KPT, 이 세 가지만 있어도 충분하다는 걸 강조하고 싶습니다. 복잡하게 생각하지 마세요. 이 간단한 세 가지 관점만으로도 충분히 의미 있는 자기 성찰이 가능합니다.

조금씩 질문과 답을
같이 해볼 것

자기 회고를 시작할 때는 좋았던 점, 아쉬웠던 점, 보완할 점 세 가지를 한 줄씩만 적는 것도 쉽지 않을 수 있습니다. 평소에 이런 식으로 하루를 돌아본 경험이 없기 때문이죠. 익숙해질 때까지는 쓰고 싶은 만큼만 적어도 괜찮습니다. KPT 세 가지를 모두 채워야 한다는 부담감을 가질 필요도 없습니다. 반드시 마킹해야 하는 답안지는 아니니까요. 시간이 지나면서 자연스럽게 내용이 늘어날 겁니다. 자기 회고에 익숙해지면 남기고 싶은 포인트가 점점 많아지고, 그날의 일을 더 잘 기억하게 됩니다.

어느 정도 익숙해졌다면, 적은 내용에 '왜 그렇게 생각하지?'라는 질문을 더해 보세요. 좋았던 이유가 누군가와 함께했기 때문인지, 일의 과정이나 결과 때문인지, 어떤 감정 때문이었는지 알게 될 것입니다. '왜?'라는 질문에도 익숙해지면 '무엇이 더 필요하지?' 혹은 '누구에게 이 점을 어필하면 좋지?' 등으로 질문의 범위를 넓혀가 보세요.

이런 습관은 평소에 질문하기를 어려워하는 분들에게도 도움이 됩니다. 자기 자신과 하는 대화이기 때문에 어떤 질문을 하고 어떻게 답변해도 평가받거나 지적당하지 않으니까요. 자기 회고를 계속하다 보면 생각하고 대화하는 능력이 점점 향상되는 걸 느낄 수 있을 겁니다.

제 지인의 말을 빌리자면, "소통이 없으면 고통이 따른다"고 합니다. 우리는 보통 이 말을 다른 사람과의 관계에만 적용하곤 하죠. 하지만 자기 자신과 하는 소통 역시 그만큼 중요합니다. 나 자신과 대화하는 방법을 익히고, 나 자신을 잘 다루는 법을 알게 되면 스스로 갈등도 줄이는 게 가능해집니다.

자기 회고라는 도구를 통해 자신과 소통을 잘하게된다면, 내일은 오늘보다 조금 더 수월한 하루가 될 것입니다. 오늘 자기 회고를 하신 여러분, 정말 잘하셨습니다.

반대로
피드백 받기

"네가 만약 괴로울 때면 내가 위로해 줄게.

네가 만약 서러울 때면 내가 눈물이 되리.

어두운 밤 험한 길 걸을 때 내가 너의 등불이 되리.

허전하고 쓸쓸할 때 내가 너의 벗 되리라.

(중략)

내가 만약 외로울 때면 누가 나를 위로해 주지?"

가수 윤복희의 '여러분'이라는 노래의 가사입니다. 2011년 5월 임재범이 〈나는 가수다〉에서 불러서 널리 알려졌습니다.

팀장의 성장은
누가 챙기지

팀원의 성장은 팀장이 챙기는 게 당연합니다. 물론 팀원 스스로의 노력과 실천이 가장 중요하지만, 팀원이 성장할 수 있는 환경을 만들고, 그 성장을 적극적으로 돕는 것이 팀장의 주된 업무 중 하나이기 때문입니다. 팀장이 이 역할을 충실히 해낼 때, 팀 전체의 실력이 좋아지고 성과도 더욱 커집니다. 하지만 여기서 중요한 질문이 생깁니다. 팀장의 성장은 누가 챙겨야 할까요? 많은 사람들은 자연스럽게 '팀장의 팀장'이 그 역할을 맡는다고 생각할 수 있습니다. 하지만 실제로는 그렇지 않습니다. 팀장의 팀장은 더 높은 차원의 업무와 조직 전체의 방향을 정하는 데 집중하느라 팀장의 개인적 성장에 신경 쓸 여력이 많지 않습니다. 게다가 팀장의 팀장은 팀장이 이미 충분히 성장했다고 보거나 성장은 개인이 알아서 할 일이라고 생각하는 경우가 많습니다.

이제 다시 중요한 질문으로 돌아가 봅시다. 팀장의 성장은 과연 누가 챙겨야 할까요? 답은 간단합니다. 팀장 본인이 챙겨야 합니다. 자신의 성장과 발전을 책임지고 주도적으로 이끌어나가는 것이 매우 중요합니다. 하지만 여기서 주목할 점은 팀장이 이 모든 것을 혼자서 할 필요는 없다는 것입니다. 팀원들의 도움을 받을 수 있는 방법이 있습니다.

회사 구조상 팀장을 가장 가까이서 지켜보고, 팀장에 대해 가장 잘 알고 있으며, 가장 자주 만나는 사람들은 다름 아닌 팀원입니다. 팀원은 팀장의 장점과 단점을 누구보다 잘 파악하고 있으며, 팀장이 어떤 부분에서 성장해야 할지를 객관적으로 조언해 줄 수 있습니다. 그래서 팀장은 팀원과 열린 소통을 통해 자신의 성장 방향을 정하고, 필요한 피드백과 도움을 받을 수 있습니다. 결론적으로 팀장의 성장은 본인이 책임져야 하지만, 팀원과 협력하고 소통하면서 통해 더욱 효과적으로 이뤄질 수 있습니다. 팀원들의 지지와 역피드백을 바탕으로 팀장은 계속해서 성장하고 발전할 기회를 만들어나가야 합니다.

역피드백
이란

사실 피드백에는 특정 방향이 정해져 있는 것이 아니기에 '역피드백'이라는 말은 다소 어색하게 들릴 수 있습니다. 네이버나 구글에서 '역피드백'을 검색해 봐도 이 용어에 대한 명확한 정의나 결과를 찾기 어려운 것도 사실입니다. 하지만 이번 챕터에서는 피드백의 개념을 더욱 명확하게 정의하고자 합니다. 여기서는 피드백을 팀장이 팀원에게 주는 것, 그리고 역피드백은 팀원이 팀장에게 주는 것으로 정의하겠습니다.

피드백은 조직 안에서 중요한 소통의 도구입니다. 팀장이 팀원에게 주는 피드백은 주로 업무 성과, 태도, 기술 향상 등에 관한 것이며, 이는 팀원의 성장을 돕고 업무 효율을 높이는 데 꼭 필요합니다. 하지만 피드백이 항상 위에서 아래로만 흐르는 것은 아닙니다. 팀원들도 팀장의 리더십, 의사소통 방식, 의사결정 과정 등에 대해 의견을 내고 개선점을 제안할 수 있습니다. 이를 우리는 '역피드백'이라고 할 것입니다.

불치하문
(不恥下問)

불치하문은 '아랫사람에게(하, 下) 묻는 것을(문, 問) 부끄러워하지(치, 恥) 않는다(불, 不).'는 뜻을 가진 사자성어입니다. 이 말은 보통 윗사람이 모르는 것을 아랫사람에게 배우는 걸 창피해하지 말고, 배움에는 높낮이가 없으니 모르는 것을 편하게 물어보라는 의미로 많이 쓰입니다. 하지만 이 말의 진정한 뜻은 단순히 지식의 범위에만 머무르지 않습니다. 우리는 이 사자성어를 팀원에게 역피드백을 받는 것을 어색해하지 말라는 의미로 해석할 수 있습니다.

우리는 종종 자신의 위치나 지위 때문에 팀원에게 역피드백을 받는 것을 꺼리곤 합니다. 하지만 불치하문의 진정한 가르침은 자신의 부족함을 인정하고, 이를 고치기 위해 아랫사람의 의견을 듣는 것을 두려워하지 말라는 것입니다. 피드백에는 상하의 구분이 없으며 누구나 더 나아지기 위해서는 다른 사람의 눈으로 본 자신의 모습을 겸손히 받아들일 필요가 있습니다.

팀원은 우리의 행동과 결정에 직접적 영향을 받기에 우리의 장단점을 잘 알고 있을 가능성이 큽니다. 그들의 역피드백은 우리가 미처 깨닫지 못한 부분을 알려주고 개선할 기회를 줍니다. 이런 역피드백을 통해 우리는 더 나은 리더로 성장할 수 있습니다.

역피드백을 요청하는 것은 우리의 겸손과 열린 마음을 보여주는 중요한 방법입니다. 이를 통해 우리는 자신이 완벽하지 않다는 것을 인정하고, 계속해서 배우고 성장하려는 자세를 지킬 수 있습니다. 또한 팀원의 의견을 진지하게 들음으로써 그들의 존중과 신뢰를 얻을 수 있습니다. 이는 팀의 결속력을 다지고 더 나은 협력과 성과를 이끌어냅니다.

팀원의
말

팀원이 팀장에게 하는 말은 대부분 프로젝트와 관련된 질문들입니다. 예를 들면, "이 기술이 쓰이는 곳은 어디인가요?"와 같은 질문은 우리가 개발할 기술의 활용 범위와 쓰임새에 대해 팀장의 생각을 묻는 것입니다. 또 다른 예시로, "사용자를 몇 명 정도로 예상하고 설계해야 하나요?"라는 질문은 프로젝트의 규모와 목표 사용자에 대해 확인하려는 것입니다. 이런 질문들은 프로젝트를 잘 진행하기 위해 꼭 필요한 정보를 얻으려는 팀원의 마음을 보여줍니다.

또한 팀원은 프로젝트를 더 잘 진행하기 위한 제안을 하기도 합니다. "이번에는 기존에 하던 A 방법보단 B 방법이 좋아 보여요"라는 제안은 팀원이 자신의 경험과 판단을 바탕으로 더 나은 방법을 제시하는 것입니다. 이는 팀원이 프로젝트의 성과를 높이기 위해 적극적으로 참여하고 있다는 증거가 됩니다.

팀원이 팀장에게 던지는 이런 질문들과 제안은 주로 성과를 위한 직접적인 물음과 궁금증 해소, 또는 프로젝트 개선을 위한 것들입니다. 팀원은 자신의 업무와 프로젝트의 성공에 직결되는 사항들에 대해 팀장의 조언과 판단을 구합니다. 하지만 이 과정에서 팀원들이 팀장의 업무 방식이나 리더십 스타일에 대해 직접적인 역피드백을 주는 경우는 많지 않습니다.

1년에
한 번

알고 계셨나요? 우리는 사실 매년 역피드백을 받습니다. 연례행사처럼 다가오는 평가 시즌이 바로 그 시기입니다. 팀장은 매년, 어떻게 보면 가장 중요한 작업인 팀원 평가를 진행합니다. 그리고 이 시기에는 팀원도 마찬가지로 팀장을 평가합니다. 특히 팀장 경력이 2~3년인 경우, 이 역피드백이 팀장에게 미치는 영향은 매우 큽니다. 더구나 이때 받는 역피드백은 익명으로 이뤄집니다.

2~3년 차 팀장은 이제 막 리더십 역할에 익숙해지는 단계에 있습니다. 이들은 이미 한두 번의 평가 시즌을 경험했기 때문에 역피드백의 중요성과 그 영향력을 잘 알고 있습니다. 이 시기에 받는 팀원의 피드백은 팀장이 자신의 리더십 스타일과 업무 방식을 점검하고 개선하는 데 중요한 역할을 합니다.

또한 팀장들은 아직 리더십에 대한 자신감이 완전히 자리 잡지 않은 경우가 많습니다. 이들에게 피드백은 자신감을 높이는 좋은 자극이 될 수 있고, 반대로 개선이 필요한 부분을 정확히 알게 해주는 중요한 신호가 될 수 있습니다. 이런 피드백을 통해 팀장들은 더 나은 리더로 성장하고, 팀의 성과를 최대로 끌어올릴 방법을 찾을 수 있습니다.

역피드백 받는
방법

팀장으로서 역피드백을 잘 받는 소통 방법은 팀의 성과와 개인의 성장을 이끄는 중요한 요소입니다. 다음은 역피드백을 효과적으로 받을 수 있는 네 가지 핵심 소통 방법입니다.

1. 정기적인 자리를 마련해 적극적으로 역피드백 요청하기
정기적으로 역피드백을 받을 수 있는 시간을 마련하는 것이 중요합니다. 매월 또는 매 분기 팀원들과 개별 면담 시간을 정해서, 그동안의 업무와 팀장의 리더십에 대한 피드백을 나누는 시간을 가집니다. 이때 구체적인 질문을 통해 팀원들이 편하게 역피드백을 줄 수 있도록 이끌어주세요.

2. 역피드백에 감사를 표현하고, 구체적 실천 계획 세우기
역피드백을 준 팀원에게 감사의 마음을 전하는 것은 그들의 의견을 소중히 여기고 있음을 보여줍니다. "귀중한 피드백을 주셔서 감사합니다. 더 나은 팀장이 되도록 노력하겠습니다"와 같은 말은 팀원들에게 긍정적 인상을 줍니다. 역피드백을 받은 뒤에는 구체적 실천 계획을 세워야 합니다. 팀원에게 받은 역피드백을 토대로 어떤 부분을 개선할 것인지 명확히 하고, 그 계획을 팀원과 공유해 변화를 확인할 수 있게 합니다.

3. 비판을 개인적 공격으로 받아들이지 않기

역피드백을 받을 때, 비판을 개인적 공격으로 여기지 않는 것이 중요합니다. 역피드백은 팀 전체의 발전을 위한 것이므로 이를 통해 자신의 부족한 점을 보완할 기회로 삼아야 합니다. 역피드백을 통해 자신의 행동을 돌아보고 개선하려는 자세가 필요합니다.

4. 역피드백을 배움의 기회로 삼기

역피드백을 단순한 평가로만 보지 말고 자신의 성장을 위한 배움의 기회로 삼아야 합니다. 팀원의 역피드백을 통해 새로운 관점을 배우고 자신의 리더십 스타일과 일하는 방식을 꾸준히 개선하는 기회로 활용하세요. 이를 통해 더 나은 리더로 성장할 수 있습니다.

이 네 가지 소통 방법을 통해 팀장은 자신의 리더십을 계속 발전시키고 팀원과 신뢰를 굳건히 할 수 있습니다. 이는 결국 팀 전체의 성공과 성과를 높이는 데 큰 도움이 될 것입니다.

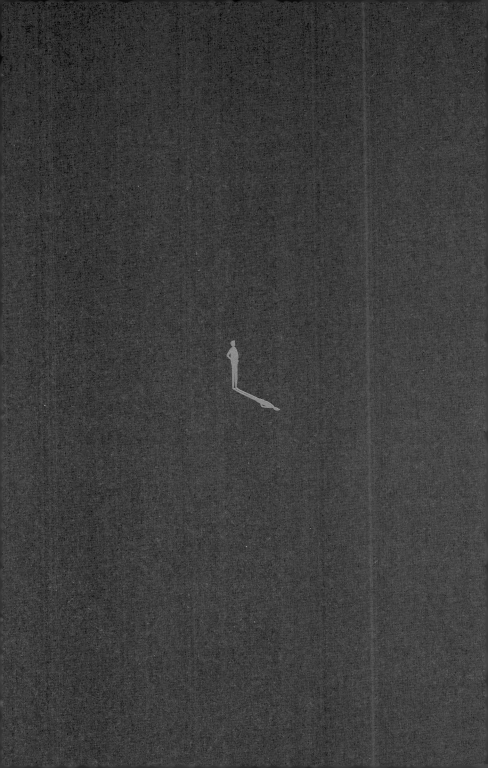

PART

5

2~3년 차 팀장의 이후 준비

시니어 팀장의 고민

"팀장이 된 지 어느덧 4년째네요. 이제는 좀 익숙해질 만도 한데, 왜 이렇게 걱정이 많을까요?"

팀장 경력이 쌓일수록 업무에 대한 자신감은 높아지지만, 동시에 새로운 고민이 생깁니다. 2~3년 차를 지나면서 이제 비로소 팀장 역할을 하는 것이 숙달되는 듯하다가 다시 더 큰 산을 맞닥뜨리게 됩니다. 실제 현업에 있는 시니어 팀장(4년 차 이상)의 생생한 목소리를 통해 그들이 어떤 도전 상황을 접하고 무슨 고민을 하는지 살펴보겠습니다. 선배 팀장들의 생생한 상황을 접하면서 미리 준비하면 보다 순조로운 팀장생활이 될 거라 믿습니다.

1. 역할에 늘어난 부담

시니어 팀장은 더 큰 책임을 맡게 됩니다. 단순히 한 팀을 이끄는 것을 넘어서, 여러 팀 간의 협업을 조율하거나 전략적 의사결정에 참여하게 됩니다. 이는 새로운 도전이면서 동시에 큰 부담으로 다가옵니다.

특히 다음과 같은 상황에서 많은 고민이 생깁니다.

- 여러 팀의 이해관계를 조율해야 할 때
- 장기 전략 수립에 참여해야 할 때
- TF에서 다른 팀장들을 이끌어야 할 때
- 조직의 중요한 의사결정에 참여해야 할 때

유통업체의 시니어 팀장 A는 이런 경험을 공유합니다. "처음에는 우리 팀만 잘 이끌면 된다고 생각했어요. 하지만 이제는 다른 팀과의 협업, 전사적 프로젝트 참여 등 더 넓은 시야가 필요한 일이 많아졌습니다. 때로는 이런 변화에 적응하기가 쉽지 않네요."

2. 성과 달성 압박

시니어 팀장에게는 더 높은 수준의 성과가 요구됩니다. 이제는 단순히 '무난하게 해내는 것'으로는 부족합니다. 경영진은 시니어 팀장에게 혁신적 성과와 탁월한 리더십을 기대합니다.

성과에 대한 압박은 다음과 같은 상황에서 더욱 심해집니다.

- 전년 대비 더 높은 목표가 설정될 때
- 다른 시니어 팀장들과 비교될 때

- 새로운 프로젝트나 혁신이 요구될 때
- 팀에 위기 상황이 발생했을 때

제조업체의 생산팀장 B는 이런 경험을 했습니다. "지난해 생산성 15% 향상이라는 큰 성과를 냈어요. 그런데 올해는 20%를 요구하더군요. 팀원들은 이미 지쳐 있는데, 제가 어떻게 해야 할지 막막해요. 지난해의 성공이 오히려 올해의 부담이 된 것 같아요."

3. 팀원 관리의 새로운 도전

시니어 팀장이 되면 팀원 구성이 더욱 복잡한 팀을 맡을 가능성이 높아집니다. 경력 많은 고참 직원부터 이제 막 들어온 신입까지, 다양한 세대와 경력의 팀원들을 이끌어야 합니다. 여기서 발생하는 차이와 가치관의 충돌은 시니어 팀장에게 새로운 도전이 됩니다.

IT 회사의 시니어 팀장 C의 사례를 보겠습니다. "우리 팀에는 15년 차책임부터 올해 입사한 신입까지 있어요. 문제는 서로 일하는 방식이 너무다르다는 거죠. 고참들은 기존 방식을 고수하려 하고, 젊은 직원들은 새로운 방식을 도입하고 싶어 해요. 둘 다 틀린 말은 아닌데, 이걸 어떻게 조율해야 할지…."

특히 다음과 같은 상황에서 어려움을 겪습니다.

- 세대 간의 의사소통 방식 차이
- 일과 삶의 균형에 대한 가치관 차이
- 성과 평가와 보상에 대한 기대치 차이

- 업무 프로세스 혁신에 대한 의견 충돌

서비스 기업의 시니어 팀장 D는 이런 고민을 털어놓습니다. "2030 직원들은 수직적 문화를 정말 싫어해요. 팀장인 제가 무언가를 지시하면 '왜요?'라고 물어보죠. 물론 질문하는 건 좋지만, 때로는 이게 권위에 대한 도전처럼 느껴질 때도 있어요. 어디까지 수용하고 어디서부터 선을 그어야 할지 판단이 어려워요."

4. 상위 관리자와 관계 변화

시니어 팀장이 되면 상위 관리자와의 관계도 미묘하게 변화합니다. 더는 '배우는 입장'이 아닌 '함께 일하는 파트너'로서 역할을 요구받게 됩니다.

건설회사의 시니어 팀장 E의 경험입니다. "이제는 본부장님이 저를 의지하세요. 좋은 일 같지만 부담도 커요. 과거에는 지시받은 일만 잘하면 됐는데, 이제는 제가 먼저 방향을 제시하고 결정을 내려야 할 때가 많아졌거든요. 잘못된 판단을 하면 책임도 크고요."

다음과 같은 상황이 특히 부담스럽습니다.

- 중요한 의사결정에 참여해야 할 때
- 다른 팀장들의 의견을 조율해야 할 때
- 상사의 결정에 이견이 있을 때
- 상사의 의견과 직원의 의견 사이에서 갈등할 때

IT 기업의 시니어 팀장 F는 이렇게 말합니다. "얼마 전에 큰 프로젝트의 방향성을 결정하는 회의가 있었어요. 이사님께서 제 의견을 물으시더라고요. 솔직히 이사님의 생각과 제 생각이 달랐는데… 어떻게 말씀드려야 할지 너무 고민됐어요. 예전처럼 그냥 따를 수도 없고, 그렇다고 너무 직설적으로 반대 의견을 내기도 어렵고요. 이를 팀으로 들고 가면 팀원들이 어떻게 나올지 뻔한데 말이죠."

5. 변화하는 조직문화에 대한 적응

시니어 팀장들은 급변하는 조직문화에 적응해야 하는 부담도 안고 있습니다. 수평적 문화, 유연근무, 재택근무 등 새로운 트렌드가 계속해서 등장하고 있습니다.

IT 회사의 시니어 팀장 G의 고민입니다. "요즘은 팀원들이 재택근무를 선호해요. 효율성 면에서는 이해가 가는데, 팀워크나 소통 면에서는 걱정이 되죠. 예전처럼 얼굴 보고 일하는 게 편한데… 시대가 바뀌니 저도 적응해야 하나 봅니다."

특히 다음과 같은 변화가 새로운 도전이 됩니다.

- 비대면 업무 환경으로의 전환 또는 하이브리드 형태의 근무 방식
- 수평적 의사소통 문화 정착
- 성과 평가 방식의 변화
- 새로운 협업 도구의 도입

금융권의 시니어 팀장 H는 이렇게 말합니다. "예전에는 팀장이 방향을 정하면 팀원들이 따라왔어요. 지금은 달라요. 모든 걸 함께 논의하고

결정해야 해요. 민주적이고 좋은 변화지만, 때로는 과도한 소통이 업무 시간을 늘리고 효율을 떨어뜨리는 것 같아 고민이에요."

6. 책임과 권한의 불균형

많은 시니어 팀장들이 책임은 과중한 데 비해 실질적 권한은 제한적이라고 느낍니다. 이런 불균형은 업무 수행에 큰 스트레스 요인이 됩니다.

IT 서비스 기업의 시니어 팀장 I의 사례를 보겠습니다. "지난달에 있었던 일인데요. 팀원 채용이 시급했어요. 좋은 후보자도 있었고요. 근데 결정 권한이 없어서 여러 부서의 승인을 받아야 했죠. 그사이에 후보자가 다른 회사로 가버렸어요. 결과를 제가 책임지는데, 정작 중요한 결정은 제가 할 수 없더라고요."

이러한 불균형은 다음과 같은 상황에서 자주 발생합니다.

- 인사 관련 사항

  채용 결정권 부재, 급여 조정 권한 부족, 인사 이동에 대한 제한적 권한

- 예산 집행

  소액 지출도 복잡한 승인 절차 필요. 예산 운영의 자율성 부족, 긴급 상황 대처의 어려움

물류회사의 시니어 팀장 J의 경험입니다. "팀 워크숍을 기획했어요. 사기 진작도 될 것 같고 해서요. 근데 결재 라인이 너무 복잡해서 장소예약 시기를 놓쳤죠. 직원들 동기부여가 절실한 상황이었는데… 답답했죠."

- 업무 프로세스 개선

변화 추진의 어려움, 기존 시스템 개선의 제약, 혁신 시도의 한계

제조업체의 시니어 팀장 K의 사례입니다. "생산성 향상을 위해 새로운 시스템을 도입하고 싶었어요. 팀원들도 찬성했고요. 하지만 여러 부서와 얽혀 있다는 이유로 계속 미뤄지고 있어요. 결국 기존 방식대로 할 수밖에 없겠죠."

- 보상과 평가

성과급 결정권 부재, 등급부여 제한, 보상 체계 개선의 어려움

게임 회사의 시니어 팀장 L의 고민. "우리 팀에 정말 뛰어난 인재가 있어요. 이 친구 아니면 안 될 정도로요. 근데 평가 등급이 정해져 있어서 제가 아무리 높게 평가해도 한계가 있어요. 이러다 나가면 어쩌나 걱정이죠."

이러한 상황은 팀장의 리더십을 약화시키고 팀 운영의 효율성을 저해합니다. 건설회사의 시니어 팀장 M은 이렇게 말합니다. "팀원들은 제가 모든 걸 결정할 수 있다고 생각하죠. 하지만 실상은 달라요. 여러 경우 저는 그저 전달자 역할을 할 뿐이에요. 이런 상황이 반복되다 보면 팀원들 신뢰도 잃게 될까 걱정됩니다."

7. 전문성 유지의 어려움

관리자로서의 역할이 커질수록 실무 능력은 점점 떨어지게 됩니다. 많

은 시니어 팀장이 이 딜레마 때문에 고민합니다.

　소프트웨어 회사의 시니어 팀장 N은 이렇게 말합니다. "팀장이 되고 6년째인데, 요즘 신입 개발자들이 하는 이야기를 못 알아듣는 경우가 많아요. 새로운 기술은 계속 나오는데, 제가 직접 코딩할 시간은 없고…. 이러다 기술 리더십마저 잃을까 봐 걱정이에요."

　전문성 약화는 다음과 같은 상황에서 더욱 심화됩니다.

- 관리 업무 증가
- 자기 계발 시간 부족
- 현장감 상실

　"어제 품질 회의 때 일인데요. 팀원이 새로운 공정 개선안을 제시했어요. 좋은 아이디어 같았지만, 제가 요즘 현장 상황을 잘 모르다 보니 제대로 된 피드백을 해줄 수가 없었죠. 결국 다른 팀의 실무자에게 검토를 부탁할 수밖에 없었어요." 제조업체 시니어 팀장 O의 하소연입니다.

모든 고민은 결국
소통으로 귀결된다

　지금까지 살펴본 시니어 팀장들의 고민을 자세히 들여다보면, 그 근본에는 '소통'의 문제가 자리 잡고 있습니다. 성과 압박은 상위 관리자와 소통하는 문제와 연결돼 있고, 팀원 관리의 어려움은 세대 간 소통 문제와 맞닿아 있습니다. 전문성 유지의 고민은 결국 팀원들과 기술적 소통 부재에 대한 우려이며, 권한과 책임의 불균형 역시 조직 내 소통의 어려움에서 비롯됩니다.

이처럼 시니어 팀장들은 다양한 고민과 도전에 직면해 있습니다. 이러한 고민은 단순히 해결해야 할 문제가 아니라, 더 높은 단계로 성장하기 위한 과정일 수 있습니다. 다음 장에서는 이러한 고민을 어떻게 극복하고 더 나은 리더로 성장할 수 있는지 현업 선배 팀장들의 생생한 조언을 통해 알아보겠습니다.

선배들의 조언…
"나도 그때 그랬어요."

"3년 차 때 정말 힘들었죠. 신입 둘이 동시에 퇴사하고, 성과 압박이 심해서 매일 전자결재 퇴직원 메뉴를 클릭했습니다. 하지만 지금 생각해 보니 그때 버티길 잘했더라고요. 그때의 어렵고 힘들었던 경험이 일하는 근육이 됐습니다."

현장에서 만나본 7년 차 시니어 팀장의 이 말처럼, 지금의 위기와 고민은 미래의 큰 힘이 될 것입니다. 실제 현장에서 여러분과 비슷한 고민을 했고, 결국에 극복해낸 선배들의 경험과 조언을 담아 해결의 실마리를 찾아보겠습니다.

1. 역할 부담을 줄이는 실전 노하우

"지난해 세 개 프로젝트가 동시에 진행되면서 번아웃 직전까지 갔어요. 그때 깨달았죠. 모든 걸 제가 책임지려 한 게 문제였다는 걸요."

IT 기업 개발팀 6년 차 시니어 팀장 A의 경험입니다.

실전 권한 위임 사례

"일부 프로젝트에 부팀장 역할을 만들었어요. 5년 차 이상 팀원들에게 미니 팀장 역할을 맡겼죠. 처음엔 불안했지만, 오히려 팀원들이 더 책임감 있게 일하더라고요. 저는 전체 방향만 잡아주고, 세부 실행은 그들에게 맡겼습니다."

우선순위 관리 실전 팁

"매주 월요일 아침, 팀원들과 30분 동안 'TOP3 미팅'을 해요. 이번 주에 반드시 해야 할 세 가지만 정하는 거죠. 나머지는 상황 봐가며 하기로 했더니, 오히려 좋은 결과가 나왔어요."

2. 현실적 성과 관리 방법

"처음 영업팀을 맡았을 때였어요. 전년 대비 130% 달성하라는 무리한 목표가 주어졌죠. 처음엔 패닉이었는데, 오히려 이게 팀을 바꾸는 계기가 됐습니다."

외국계 영업팀 5년 차 시니어 팀장 B의 사례입니다.

팀원 동기부여 실전 팁

"매달 최고의 순간을 공유하는 'Best Moment' 시간을 가져요. 반드시 높은 실적이 아니어도 돼요. 어떤 팀원은 상대하기 어려웠던 고객을 설득한 경험을, 또 다른 팀원은 새로운 업무 프로세스를 제안한 경험을 공유하죠. 이렇게 작은 성공들을 축하하다 보니 팀 분위기가 달라졌어요."

팀 구조의 변화와 소통

"팀을 두 개의 소그룹으로 나눴어요. 기존 고객 관리 파트와 신규 개발 파트로요. 고객 관리 파트는 기존 고객 유지에 힘쓰고, 신규 파트는 매출 목표를 낮추는 대신 새로운 시도를 자유롭게 하도록 했죠. 처음에는 가능하겠냐는 소리가 많았지만 계속 변화를 설명했습니다. 결과적으로 신규파트에서 예상 밖의 대형 계약을 따내면서 팀 목표를 초과 달성했습니다."

3. 차이 극복 실전 노하우

"젊은 신입이 들어왔을 때 정말 힘들었어요. '왜요?'라는 질문에 짜증이 났죠. 그런데 지금은 오히려 이 직원 덕분에 팀이 더 발전했다고 생각해요."

유통업체 기획팀 7년 차 시니어 팀장 C의 경험담입니다.

세대 간 소통 촉진

"리버스 멘토링을 시작했어요. 2년 차 직원에게 새로운 협업 툴 사용법을 배우고, 제가 가진 업계 경험을 공유했죠. 서로 배우다 보니 자연스럽게 이해하게 됐어요. 요즘은 팀 회의 때 신입 사원의 제안을 적극 수용하고 있어요."

참여로 갈등 관리

"예전엔 나이별로 팀원들 간에 반목이 있었어요. 차이가 부각된 거죠. 그래서 팀 그라운드 룰을 만들 때 전 직원이 참여하도록 했어요. 예를 들어 회의 문화도 다 같이 정했죠. 고참들이 선호하는 전체 회의와 젊은 직원들이 선호하는 일대일 회의를 격주로 번갈아 하기로 했어요. 상대의 방식을 서로 인정하게 되더라고요."

4. 상사 설득 노하우

"부장님과 의견이 다른 프로젝트가 있었어요. 과거처럼 욱하는 성미를 잠시 내려놓고 차분하게 데이터로 설득하는 방법을 택했죠."

제조업체 품질팀 5년 차 시니어 팀장 D의 경험담입니다.

"신규 시스템 도입을 반대하실 때였어요. 도입 자체를 우려하시더라고요. 그래서 기존 방식과 새로운 방식을 4주간 병행 테스트했어요. 생산성이 22% 향상된다는 구체적 데이터를 보여드리니 결국 승인해 주셨죠. 이후로는 기안을 데이터와 함께 준비하고 있어요. 상사 분도 결과에 만족하는 눈치예요."

5. 새로운 업무 환경 적응 사례

"코로나19 팬데믹 때 재택근무를 도입하라는 지시를 받고 망연자실했죠. 20년 넘게 해온 업무 방식을 바꿔야 한다니… 거리 두기가 없어져서 예전으로 돌아갈까 싶었지만 오히려 더 효율적이라고 생각해서 하이브리드 방식을 활용하고 있어요."

IT 서비스업체 백엔드팀 7년 차 시니어 팀장 E의 변화 관리 노하우입니다.

"화·목요일은 필수 출근, 나머지는 자율로 정했어요. 대신 매일 아침 15분 화상 미팅은 필수로 했죠. 짧지만 얼굴 보고 인사하는 것만으로도 소속감이 달라져요. 업무 보고는 슬랙(Slack)으로 간단히 하고, 깊이 있는 논의가 필요할 때만 별도 미팅을 잡아요."

6. 제한된 권한 내에서 활로 모색

"예산 권한도 없고 인사권도 없어서 답답했죠. 최근에는 불경기 탓에 교육훈련비를 요청하기가 어려워요. 그래서 다른 방법을 찾았어요."

건설업체 설계팀 5년 차 시니어 팀장 F의 해결책입니다.

"저와 몇몇 고참 팀원과 기본 교육 예산으로 '사내 강사 육성 과정'을 수강했습니다. 어차피 우리 설정에 딱 맞는 설계 관련 외부 교육은 찾기 어려우니 우리가 스스로 강사가 되기로 한 거죠. 교안 작성과 교수법에 애로 사항도 있었습니다. 하지만 몇 차수 팀 교육을 진행하다 보니 강사 경험도 쌓이고, 후배 팀원도 현실감 있는 교육에 만족도가 높습니다. 사업부 내 다른 팀에서도 문의가 올 정도라니까요."

7. 현장감 유지 노하우

"팀장 되고 관리 업무에 집중했는데, 3년 만에 기술 감각을 잃어버린 저를 발견했어요. 그래서 그때 시작한 방법이 지금까지 도움이 되고 있죠."

제조업체 개발부서 5년 차 시니어 팀장 G의 경험입니다.

"매달 마지막 주 금요일은 '현장의 날'로 정했어요. 팀원들 옆에서 직접 일해 보고 피드백도 주고받죠. 처음엔 어색했지만, 지금은 팀원들이 먼저 찾아와서 새로운 기술을 설명해 줘요. 현장을 이해하니 의사결정도 더 정확해졌고요."

여러분께 드리는 조언

"지금 여러분이 겪는 고민은 우리 모두가 지나온 길입니다. 그리고 그 고민 덕분에 우리가 더 성장했죠."

시니어 팀장들이 입을 모아 하는 말입니다. 특히 다음 세 가지를 꼭 기억하십시오.

---

1. 모든 문제를 완벽하게 해결하려 하지 마세요. 당장 할 수 있는 것부터 시작하면 됩니다.
2. 팀원들과 솔직하게 소통하세요. 여러분의 고민을 공유하면 오히려 신뢰가 쌓입니다.
3. 때로는 '잘 모르겠다'고 말하는 것도 용기입니다. 함께 답을 찾아가면 됩니다.

지금 여러분이 느끼는 부담감은 곧 성장통입니다. 이 시기를 잘 견디고 나면, 더 단단한 리더가 돼 있을 겁니다. 우리 모두가 그랬듯이, 여러분도 잘 해내실 거예요.

EPILOGUE

이 책은 2024년 3월부터 9월까지 6개월간 저자들이 동아일보와 함께 진행한 도서 출판 프로젝트 W.O.W(Write Our Way)의 결과물입니다. 서로 다른 업종과 전문 분야에서 활동하는 리더들이 '우리가 지나온 길, 그리고 앞으로 나아갈 길을 함께 정리해 보자'고 의기투합했습니다. 격주 금요일 저녁 온·오프라인으로 10여 차례 모여 각자 경험한 조직 문화와 리더십에 대한 인사이트를 공유하고 토론했습니다. 1박 2일의 워크숍에서 각기 경험한 바를 나누며 밤새 뜨거운 토론을 벌이기도 했습니다. 그렇게 해서 나온 결과물이 바로 2~3년 차 팀장에게 필요한 소통의 노하우를 담은 책《통하는 팀장 소통의 기술》입니다.

팀장 같은 관리 직무를 처음 맡았을 때 초보 리더가 느끼는 고충은 상당히 큽니다. 그나마 직무를 맡은 첫해에는 승진했다는 기쁨과 설렘, 새로운 일에 대한 열정으로 견딜 만합니다. 하지만 한 해만 지나면 책임감과 무게를 더 깊이 체감하면서 어려움이 가중됩니다. 목표 설정부터 실행, 평가, 면담까지 팀장 역할의 한 사이클을 1년 동안 겪고 나면 팀장으로서의 무게감을 비로소 실감하게 됩니다. 모든 일이 팀장을 맡은 첫해보다 더 막막하고 어렵게 다가옵니다. 사내에서 '초임'에 대한 배려가 사라지기 때문에 심적 부담이 더 커지는 시기이기도 합니다.

저자들에게도 이런 시기가 있었고, 비슷한 고충을 경험했습니다. 그리고 이때야말로 체계적으로 리더십을 준비해야 하는 중요한 시기라는 데 공감했습니다. 그래서 선배로서 이런 경험을 당신만 겪는 것이 아니라고, 잘 극복할 수 있다고 위로하고 조언하고 싶었습니다.

시중에 신임 팀장을 위한 책은 많지만 구체적으로 2~3년 차 팀장에게 필요한 정보를 제공하는 책은 찾기 힘듭니다. 선배 리더로서 직접 조직에서 겪은 사례를 바탕으로 초보 팀장들이 바로 현장에서 써먹을 수 있는 리더십 노하우를 가득 담고자 했습니다. 이제는 팀원일 때 익숙하던 소통 방식에서 벗어나 리더로서 새로운 소통 전략을 설계하고 실천해야 합니다.

무엇보다 팀원일 때와 일하는 방식이 달라져야 한다고 조언하고 싶습니다. 대개 팀장이면 실무 능력이 뛰어난 경우가 많습니다. 그래서 종종 일을 팀원에게 맡기기보다 자신이 처리하는 게 더 빠르다고 여깁니다. 하지만 팀장이 해야 할 일은 팀의 성장을 위해 팀원에게 기회를 주고 팀이 나아갈 방향과 전략을 구상하는 것입니다. 리더는 시야를 확장하고 같은 시간을 다르게 사용하며 일해야 합니다.

리더는 타고나는 것이 아닙니다. 많은 사람이 대중을 휘어잡는 카리스

마가 있는 사람이어야만 리더를 할 수 있다고 생각합니다. 하지만 누구나 자신만의 리더십 스타일이 있고, 이를 잘 활용하면 충분히 성과를 낼 수 있습니다. 시행착오를 겪을 뿐이지 누구나 노력하면 좋은 리더가 될 수 있습니다.

요즘 많은 직장인이 불확실한 미래에 대한 불안과 과도한 책임 부담 때문에 리더가 되길 꺼린다고 합니다. 하지만 리더급으로 일을 해보고 나면 '나는 앞으로 어디 나가 무엇을 해도 살아남을 수 있는 사람'이라는 자신감을 느낄 수 있을 겁니다.

이 책이 힘든 길이지만 도전을 멈추지 않는 리더 분들에게 유용한 길잡이가 되길 바랍니다.

저자 일동

통하는 팀장
소통의 **기술**

1쇄 발행 2025년 3월 1일

지은이   김선기, 김소라, 김진영, 박대성, 배희수, 정지수
발행인   임채청
펴낸 곳   동아일보사
등   록   1968.11.9(1-75)
주   소   서울시 종로구 청계천로 1 (03187)
편   집   전화 02-361-0952 팩스 02-361-0979
인   쇄   중앙문화인쇄

ISBN 979-11-92101-34-7 03320 값 19,800원